SCHWINGE DICH EMPOR

Einführung zu den Schriften von Luisa Piccarreta

Marcel Laflamme
Vorwort von Pater Dominique Duten

PARVIS-VERLAG
1648 Hauteville / Schweiz

Autor: Marcel Laflamme, Ph.D

Photo auf dem Umschlag: © iStockphoto.com

Französischer Originaltitel: «L'Envol»

Deutsche Übersetzung: Christine Keinath

Editions Christian
C.P. 22 033
Sherbrooke (Qc)
J1E 4B4 Kanada
Email: cl@edchristian.com

Parvis-Verlag
Route de l'Eglise 71
1648 Hauteville
Schweiz
Tel. 0041 26 915 93 93
buchhandlung@parvis.ch
www.parvis.ch

Gedruckt in der E.U.

ISBN 978-2-88022-922-1

In diesem Werk wird das Maskulinum als Oberbegriff nur gebraucht, um die Sprache fließender zu gestalten.

Jesus zu Luisa Piccarreta

«Dieses Werk über das Reich des Höchsten Willens ist ***das größte,*** *das es in der ganzen Menschheitsgeschichte gibt!»*

(Band 19, 01.08.1926)

«Es krönt das Werk der Schöpfung und das Werk der Erlösung.»

WIDMUNG

Gewidmet dem Reich Christi, unserem König,
Maria, der Mutter und Königin des Göttlichen Willens,
und Luisa Piccarreta,
der kleinen Tochter des Göttlichen Willens.

Anmerkungen des Autors

1. Im Allgemeinen stammen die Zitate dieses Buches, die in Anführungszeichen stehen, aus den 36 Bänden von Luisa Piccarreta *Le Livre du Ciel* (Das Buch des Himmels)

2. Das Druckzeichen Kreuz ✝ weist auf ein Gebet hin.

VORWORT

In einem Jahrhundert, das «seinen schwindelerregenden Wettlauf zum Bösen hin» fortsetzt, wie Jesus zu Luisa sagt, handelt Gott mit noch größerer Macht. Er bereitet den Triumph seines Willens vor, damit «die Geschöpfe an den Platz, in den Rang und zu dem Ziel zurückkehren, für die sie von Gott erschaffen wurden. «Diese Welt braucht Wächter, Männer und Frauen, die die Morgendämmerung, diesen «Frühling der Kirche» bereits heraufziehen sehen. Diese Wächter sind die Propheten der Endzeit.

Marcel Laflamme ist einer von ihnen, und mit diesem jüngsten Werk hilft er uns einmal mehr, dieses Reich des Göttlichen Willens jetzt, «mitten unter den Geschöpfen zu empfangen». Es ist die Stunde der Erneuerung der Menschheit!

Als ich diese «neue Erde und diesen neuen Himmel» entdeckte, war Marcel Laflamme für mich ein sicherer Führer, dessen Schriften stets klar und pädagogisch sind und mir erlaubten, zum Wesentlichen zu gehen, «meine ersten Schritte» zu tun. Beim Lesen habe ich immer den Wunsch, das Thema zu vertiefen, Luisa Piccarreta besser kennenzulernen und diesen Wahrheiten zu erlauben, mein Herz und mein Leben als Priester zu verwandeln. Das wünsche ich auch Ihnen allen bei der Lektüre dieses Buches.

Nach mehreren Büchern über den Göttlichen Willen legt uns Marcel hier einige Horizonte dieser gleichermaßen unendlichen, wunderbaren und realen Landschaft vor. Worte werden immer zu kurz greifen, um auszudrücken, was man in der Tiefe des Herzens erlebt, wenn man das «Wunder der Wunder» entdeckt: das Leben im Göttlichen Willen. Die Schönheit dieser Wahrheiten, wenn wir sie erst einmal erkannt haben und von ihnen bezaubert sind, sowie das Gefühl, dass der Schleier endlich zerrissen ist und der Himmel offensteht, sind faszinierend. Unser voll und ganz entflammtes Wesen, das von Christus ergriffen ist, lässt uns den zurückgelegten Weg vergessen. Es wird unmöglich, an die Vergangenheit zu denken. Die Quelle ruft uns auf, zum Vater zurückzukehren und endgültig in das unermessliche Meer des Göttlichen Willens einzutauchen. Es ist eine einzigartige Gnade, die den ganzen Plan Gottes erfüllt und vervollständigt, die LE LIVRE DU CIEL (DAS BUCH DES HIMMELS) uns anbietet. Auf jeder Seite, Wort für Wort, bleibt die Zeit stehen und die Ewigkeit ist da. Sie lädt ein, ruft, fleht, drängt uns und lässt uns erkennen, dass es dem Menschen endlich möglich ist, «den Willen Gottes wie im Himmel so auf Erden zu erfüllen».

Es ist eine Tatsache, ein Göttlicher Erlass, dass der Göttliche Wille inmitten der Geschöpfe herrschen soll. Die ersten Kinder dieser «Generation des Lichts» sind da und wollen den Triumph Gottes feiern: «Der menschliche Wille handelt im Göttlichen Willen.» Unsere Mutter Maria, die Königin dieses Reiches, arbeitet daran und sammelt ihre Kleinen, die ersten Früchte einer erneuerten Menschheit, in der Gott «seine Rechte wiedererlangt und unserem und seinem Leiden ein Ende gesetzt hat».

Doch diese «Dinge des Himmels» können wir nicht besitzen, wenn wir sie nicht kennen, schätzen und unseren Willen opfern. Lassen wir zu, dass Jesus sein ganzes Leben wieder in uns lebt. Wir müssen diesen menschlichen Willen, die Quelle allen Übels und Unglücks hingeben und Ihm schenken und nur «durch Ihn, mit Ihm und in Ihm» handeln. So wandeln wir heilig und unbefleckt in Seiner Gegenwart, wie Er es von Ewigkeit her für Seine Kinder gewollt hat.

Hier wird dieses Buch zu einem wertvollen, unentbehrlichen Handbuch. Es stellt die Grundlagen vor und vermittelt jedem in einfacher Sprache die unumgänglichen Punkte, es zeigt die Stufen des Wachstums und gibt einen Ausblick auf die Gipfel, die uns erwarten. Schließlich ermöglicht es uns, das Leben im Göttlichen Willen im Alltag zu üben.

Vertrauen wir auf die Jungfrau Maria, die Königin des Reiches des Göttlichen Willens, die uns seit ihrer Unbefleckten Empfängnis «mit lautem Schreien und unter Tränen, Gebete und Bitten» vor den stellt, der die Menschen vom Tod erlösen konnte. Bitten wir sie, uns in ihr mütterliches Herz zu nehmen und uns zu helfen, den größtmöglichen Nutzen aus diesem Buch zu ziehen und in uns den Wunsch zu wecken, im Göttlichen Willen zu leben.

Pater Dominique Duten
dominiquejduten@icloud.com

INHALTSVERZEICHNIS

EINFÜHRUNG

Luisa Piccarreta (23. April 1865 - 4. März 1947) ist eine italienische Mystikerin, deren Seligsprechungsprozess im Gange ist.

«Dieses Werk ist ein wertvolles, unentbehrliches Handbuch. Es macht endlich die tägliche Übung des Lebens im Göttlichen Willen zugänglich. Es stellt die Grundlagen vor und vermittelt jedem in einfacher Sprache die unumgänglichen Punkte, es zeigt die Stufen des Wachstums und gibt einen Ausblick auf die Gipfel, die uns erwarten...»

Pater Dominique Duten

Dieses Buch zur ***Einführung in das Leben im Göttlichen Willen*** mit dem Titel ***«SCHWINGE DICH EMPOR»*** möchte mit den großen Wundern des Herrn für unsere heutige Zeit vertraut machen. Es ist eine Zusammenfassung jenes unerschöpflichen Schatzes, den das Leben im Göttlichen Willen darstellt. Es ist der Ruf, sich wie ein kleiner Vogel emporzuschwingen, der das Nest zum ersten Mal verlassen muss! Seine Eltern wissen dann genau, dass diesem ersten Flug viele andere folgen werden, die so viele Geschenke und Schätze mit sich bringen! Dieses Buch möchte ganz praktisch und übersichtlich sein und sich auf das Wesentliche dieser Lehre konzentrieren, so dass der Leser einen direkten Zugang zum Leben im Göttlichen Willen bekommt. Dies ist das zentrale Anliegen dieses Buches.

GÖTTLICHE VERHEISSUNGEN

Der Herr bereitet die Errichtung seines Reiches vor, damit unser Leben als Menschen seinen ursprünglichen Glanz wiedererlangt und die Erde zur ersten Zeit ihrer Schöpfung zurückkehren kann. Wir stehen am Beginn der schönsten Epoche aller Zeiten, die uns in das so lange prophezeite Goldene Zeitalter des Christentums führt. Die von Gott vorgesehene Zeit für das dritte *Fiat* der Heiligung ist gekommen. Luisa Piccarreta erhielt die Gabe des Göttlichen Willens am 8. September 1889. Damit wurde gemäß dem Göttlichen Beschluss das Zeitalter des Reiches des Göttlichen Willens auf Erden eingeleitet.

Jesus sagt zu Luisa: «Bevor Ich die Erde verließ, gab Ich euch die feierliche Verheißung des Reiches des Göttlichen Willens. Das tat Ich durch das *Vaterunser*-Gebet, in dem ihr darum bittet, dass sein Reich komme und sein Wille geschehe, wie im Himmel so auf Erden...» Ich will euch Meinen Willen als LEBEN geben, um den

Geschöpfen das größte Gut zu schenken, das Ich gewähren kann, und um die große Herrlichkeit zu erlangen, Kinder Meines Willens in Unserem Reich zu haben.»

Die große Herausforderung unserer Zeit besteht in zwei einander diametral entgegengesetzten Richtungen: 1) Die Ziele der Globalisierung, die von den Eliten dieser Strömung verfolgt werden, oder 2) das Streben nach dem Reich des Göttlichen Willens. Jesus sagte zu Luisa: «Oh ungerechte Welt, du tust alles, um Mich von der Erdoberfläche zu verdrängen, um Mich aus der Gesellschaft, aus den Schulen und Unterhaltungen zu verbannen. Du verschwörst dich, um die Gotteshäuser und die Altäre zu zerstören, um Meine Kirche zu vernichten und Meine Geistlichen umzubringen. Ich aber bereite für dich ein Zeitalter der Liebe, das Zeitalter Meines dritten Fiat vor. Während du versuchst, Mich zu verbannen, werde Ich von hinten und von vorne kommen, um dich durch die Liebe zu überführen. Überall, wo du Mich verbannt hast, werde Ich Meinen Thron errichten und mehr regieren als zuvor und auf eine Weise, die dich überraschen wird, bis du von Meiner Liebe niedergestreckt am Fuß meines Thrones niederfällst.» (Band 12, 08.02.1921)

Wenn ihr diese Dinge seht, sollt ihr wissen, dass das Reich Gottes nahe ist. **Jesus sagt zu Luisa:** «Ich könnte in diesen so wirren Zeiten des schwindelerregenden Abstiegs ins Böse keine größere Gnade gewähren, als zu verkünden, dass Ich das große Geschenk des Reiches des Höchsten *Fiat* machen will, und zu bestätigen, dass Ich es in dir mit so viel Wissen und Gaben vorbereite, damit nichts zum Triumph meines Willens fehlt.» (Band 19 09.09.1926)

Wir müssen unseren menschlichen Willen zugunsten des Göttlichen Willens verwerfen, da alles Böse auf der Erde verschwinden muss, um nach Göttlichem Beschluss der Zeit des Friedens Platz zu machen.

«Ich mache so viele Wahrheiten über das Dritte *Fiat* nicht deshalb bekannt, um eine einfache Information weiterzugeben. Nein! Vielmehr sollen nach Meinem Willen alle wissen, dass dieses Reich

nahe ist; alle sollen seine schönen Vorzüge zu schätzen wissen und hoffen, in dieses so Heilige Reich voller Glückseligkeit und Wohltaten einzutreten und darin zu leben. Was den Menschen schwierig erscheint, ist für die Macht Unseres Willens leicht, denn Er kann alle Schwierigkeiten beseitigen und alles erobern, wenn Er es will und in dem von Ihm gewählten Moment.»
«Alles ist nun vorbereitet und vollbracht. Es müssen nur noch die Türen geöffnet und Mein Wille bekannt gemacht werden, damit die Seelen Besitz davon ergreifen können.» (Band 16, 21.09.1923)

WIE WICHTIG ES IST, KENNTNISSE ÜBER DEN GÖTTLICHEN WILLEN ZU ERLANGEN

Jesus sagt zu Luisa: «Ich möchte, dass ihr auf Mich hört, denn Ich werde euch erstaunliche Dinge, Lektionen des Himmels lehren, die euch eine Erleuchtung bringen, die nie mehr vergeht, und eine Liebe, die ewig währt.» Das Erlangen von Kenntnissen über den Göttlichen Willen ist der Schlüssel, der die Tür zu diesem Geschenk öffnet. So macht uns der Herr bekannt, wie sich das Reich des Göttlichen Willens auf Erden erfüllen wird. «Ich möchte, dass die Menschen die Früchte meines Göttlichen Willens und seine Vorteile kennen. Die vollkommene Herrlichkeit meiner Schöpfung und die endgültige und letztliche Vollendung der Erlösung hängen davon ab. Oh, wie viele Früchte sowohl der Schöpfung als auch der Erlösung bleiben ungenutzt, weil ihr die Wohltaten Meines Göttlichen Willens nicht kennt und weil Mein Göttlicher Wille nicht unter euch herrscht!» (Band 14, 15.09.1922)

Jesus: «Was Ich über Meinen göttlichen Willen kundtue und was du aufschreibst, könnte man das Evangelium vom Reich des Göttlichen

Willens nennen. Es steht in keiner Weise im Gegensatz zur Heiligen Schrift, auch nicht zum Evangelium, das Ich verkündet habe, als Ich auf Erden war. Im Gegenteil, man kann es die Unterstützung der einen und des anderen nennen... Dazu dienen die unzähligen Dinge, die ich dir kundgetan habe, die unberechenbaren und überraschenden Wahrheiten, die Verheißungen all der Wohltaten für die Kinder des *«FIAT VOLUNTAS TUA»*. Es wird das Evangelium, die Grundlage, die unerschöpfliche Quelle sein, aus der alle das himmlische Leben, das irdische Glück und die Wiederherstellung ihrer Schöpfung schöpfen werden. Oh, wie glücklich werden sich jene fühlen, die eilig in großen Zügen aus den Quellen meines Wissens trinken, denn sie besitzen die Tugend, das Leben des Himmels zu bringen und allen Kummer zu verbannen.» (Band 23, 18.01.1928)

UNERMESSLICHE AUSWIRKUNGEN

Das Leben im Göttlichen Willen ist der Durchgang, der den menschlichen Geschöpfen angeboten wird, um zur Ordnung, zum Ort und zum Ziel zurückzukehren, für die sie von Gott erschaffen wurden.
Die göttliche Vaterschaft entdecken: «Sobald die Geschöpfe die Kenntnisse über den göttlichen Willen erlangt haben, tragen sie den Samen in sich, der die kindliche Liebe zu ihrem himmlischen Vater keimen lässt. So spüren sie Unsere Vaterschaft und verstehen folgendes: Wir wollen, dass sie in Unserem Willen leben, weil Wir sie lieben und wünschen, dass sie an Unseren göttlichen Gütern Anteil haben. Unsere Vaterschaft sehnt sich danach, strebt danach, brennt darauf, dieses Geschenk zu machen, damit der Göttliche Wille EINS mit Seinen Kindern ist.» (Band 30, 15.05.1932)

Jesus: «Ich lebe in den Seelen, die Meinen Willen tun, und sie dienen Mir als Mein Menschsein. Ich teile ihnen Meine göttlichen

Eigenschaften mit und sie vollbringen vollkommene und vollständige Taten.» «Wer den Vorteil hat, ihn zu kennen, wird spüren, wie in ihm ein neues Leben des Lichtes, der Gnade, der Kraft strömt, um Meinen Willen in allem zu erfüllen.» (Band 19, 14.08.1926)
«Eine Seele, die sich mit Mir identifiziert hat und sich von Meinem Willen beherrschen lässt, ahmt die göttlichen Taten nach. Ihre Liebe, ihre Anbetung, ihre Gebete, alles, was sie tut, kommt von Gott, den sie aufnimmt und der ihr erlaubt, immer wieder zu sagen: «*Deine* Liebe liebt Dich, *Deine* Anbetung betet Dich an, *Deine* Gebete beten zu Dir. *Dein* Wille strömt in mich ein, so dass ich vollbringen kann, was Du tust, damit ich Dir diese Taten als *Deine* Taten überreiche.» (Band 19, 08.08.1926)
«Mein Kind, wenn du wüsstest, wie weit Meine Liebe für eine Seele geht, die in Meinem Willen lebt, würdest du Mich so sehr lieben, dass dein Herz vor Freude zerspringen und Meine Liebe und deine Liebe dich verbrennen, dich verschlingen würden aus reiner Liebe zu Mir.» (Band 36, 02.05.1938)

DIE MIT DIESEM BUCH VERFOLGTEN ZIELE

Das Buch möchte gleichermaßen eine theoretische und praktische Anleitung sein und verfolgt drei Ziele:

1. DEN WERT DES LEBENS IM GÖTTLICHEN WILLEN VERSTEHEN UND SCHÄTZEN

Uns die Lehren zu eigen machen, die der Herr Luisa Piccarreta offenbart hat, denn wenn ein Gut nicht bekannt ist, kann man nicht danach verlangen. Dieses Buch ist gemäß den vier großen folgenden Fragen strukturiert, die das Wesentliche der Lehre vom Leben im Göttlichen Willen darstellen:

> **Warum sollen wir im Göttlichen Willen leben?**
> **Was ist das Leben im Göttlichen Willen?**
> **Wie kann man im Göttlichen Willen leben?**
> **Welches sind die Ergebnisse?**

2. DIE UMSETZUNG DIESES NEUEN LEBENS IN SICH FÖRDERN

KONKRETES ZIEL: Der Leser wird durch den Anblick eines so großen Gutes ermutigt, sich zu entschließen, es in Besitz zu nehmen. Der Leser ist so in der Lage, methodisch und geordnet voranzukommen, vor allem durch die Vertiefung des dritten Teils des Buches, der die Frage beantwortet: Wie kann man im Göttlichen Willen leben?

Es wird sich zeigen, dass das Leben im Göttlichen Willen im Allgemeinen einem Weg folgt, der sich täglich in drei Teilen abspielt:

I. Die Morgengebete;
II. Die Aufopferung der gegenwärtigen Taten im Göttlichen Willen;
III. Die Schöpfungs-, Erlösungs- und Heiligungstourneen.

3. DAS REICH DES GÖTTLICHEN WILLENS FÖRDERN

Der Göttliche Wille bildet seine Armee aus, um das Volk zu sammeln. Er verleiht uns Seine Eigenschaften und verwirklicht alles. Wir gehören zu den ersten, die berufen sind, den anderen durch Maria die unendlichen Schätze des Göttlichen Willens zu schenken, die uns anvertraut sind, um Gott zu verherrlichen und zum Kommen Seines Reiches beizutragen, das eine neue Erde, ein Paradies sein wird... Aber Sein Reich wird zuerst in der Seele eines jeden errichtet. Dies ist der Grund für all diese Lehren, die uns in den Besitz dieses Reiches bringen.

LUISA PICCARRETA
(1865-1947)

Jesus sagt zu Luisa: *«Meine Tochter, du bist einzigartig in Meinem Geist, und du wirst einzigartig in der Geschichte sein. Es wird weder vor noch nach dir ein anderes Geschöpf geben, für das Ich notwendigerweise die Hilfe Meiner Diener brauche. Es war zweckmäßig und angemessen, dass einer Meiner Diener (der heilige Annibale Maria Di Francia) über dich wacht, denn du bist als Verwahrerin der Heiligkeit, des Guten, der Auswirkungen und des Tuns Meines Höchsten Willens erwählt worden. Es war zweckmäßig, dass Mein Diener der erste Hüter der in meinem Willen enthaltenen Güter war, und aus seinem Schoß gingen sie in den ganzen Leib der Kirche über.»*

(Livre du Ciel – Buch des Himmels, Band 15, 11.07.1923)

KURZE BIOGRAPHIE VON LUISA PICCARRETA (1865-1947)

- Sie wurde von Gott für die Mission «Fiat Voluntas Tua» erwählt.

- Von Jugend an war sie eine Opferseele, ihr Zimmer diente ihr als Kapelle, ihr Bett als Kreuz und das *Fiat* als Motto.

- Sie war 64 Jahre lang bettlägerig, trug die unsichtbaren Stigmata an ihrem gekreuzigten Leib und lebte praktisch ihr Leben lang von der Eucharistie und dem Göttlichen Willen.

- Als Beichtvater und Zensor hatte sie unter anderen den außerordentlichen Annibale Di Francia, der 2004 von Johannes Paul II. heiliggesprochen wurde.

- Luisa erfuhr die mystische Vermählung im Alter von 23 Jahren und im folgenden Jahr, am 8. September 1889 das Geschenk des Göttlichen Willens. Dieses Datum stellt den Beginn des Zeitalters des Reiches des Göttlichen Willens auf Erden dar.

- Sie schrieb etwa vierzig inspirierte Bücher, darunter sechsunddreißig Bände mit dem Titel: *«Livre du Ciel» (Buch des Himmels).* Etwa zwanzig ihrer Bücher erhielten das Imprimatur zu ihren Lebzeiten, die anderen wurden im Juli 2010 bei ihrem Seligsprechungsprozesses freigegeben.

DIE WICHTIGSTEN EREIGNISSE IM LEBEN VON LUISA PICCARRETA

- 23. April 1865: Luisa wurde in Corato, Italien geboren.

- 1878: Im Alter von 13 Jahren hatte sie eines Tages eine Vision des leidenden Jesus, der sein Kreuz trug, sie anschaute und ihr sagte: «Seele, hilf mir.»

- 1881: Im Alter von 16 Jahren akzeptierte Luisa den Seelenzustand eines Opfers.

- 1882: Im Alter von 17 Jahren begann Luisa, ihre Nahrung zu erbrechen. Von da an enthielt sie sich ihr Leben lang fast völlig jeder Nahrung.

- November 1887: Mit 22 Jahren wurde Luisa endgültig bettlägerig.

- Nov. 1988: Mit 23 Jahren wurde sie durch die geistliche Vermählung auf Erden mit Jesus vereint.

- 8. September 1889: Im Alter von 24 Jahren erhielt sie das Geschenk des Göttlichen Willens. So nahm das 3. *Fiat*, das *Fiat* der Heiligung auf Erden Gestalt an und begann, sich zu entfalten.
  - Als zusätzliche Aktivität stellte sie Stickereien und Spitzen her.

- 4. März 1947: Luisa starb im Alter von 81 Jahren an den Folgen einer Lungenentzündung. Wegen der Starre ihrer Wirbelsäule musste sie 64 Jahre lang in ihrem Bett eine sitzende Haltung einnehmen.

ENTSTEHUNGSGESCHICHTE DER SCHRIFTEN VON LUISA PICCARRETA[1]

- 28. Februar 1899: Im Alter von 33 Jahren begann Luisa im Gehorsam gegenüber dem Herrn und ihrem Beichtvater, ihre Bücher über den «Göttlichen Willen» zu schreiben.

- Luisa schrieb 40 Jahre lang am *«Buch des Himmels»* (36 Bände), die ihre Dialoge mit Jesus wiedergeben und Seine außergewöhnlichen Lehren über das Leben im Göttlichen Willen bekannt machen.

- 1914: Mit 49 Jahren stellte sie das Buch fertig: *Die 24 Stunden der Passion unseres Herrn Jesus Christus.*

- 6. Mai 1930: Im Alter von 65 Jahren vollendete sie das Buch mit dem Titel: *Die Jungfrau Maria im Reich des göttlichen Willens.*

- 28. Dezember 1938: Luisa schrieb ihren 36. Band.

- 18. Dezember 1997: Im Rahmen von Luisas Seligsprechungsprozess kamen die beiden Theologen, die mit der Analyse ihrer Schriften beauftragt waren, einhellig zu dem Schluss, dass sie nichts enthalten, was dem katholischen Glauben und der katholischen Morallehre widerspricht. Im Jahr 2010 wurden Luisas Schriften von den beiden Theologen in vollem Umfang gebilligt.

- Derzeit schreibt ein Komitee in Rom an der offiziellen Fassung von Luisas Schriften.

---

1. Auszüge aus der französisch-kanadischen Vereinigung Luisa Piccarreta

EINIGE BEICHTVÄTER, PRIESTER UND ERZBISCHÖFE IM LEBEN VON LUISA

- Dom Gennaro Di Gennaro: Pfarrer der Gemeinde St. Joseph, Beichtvater von 1898 bis 1922. Er gebot der Dienerin Gottes, im Gehorsam alles aufzuschreiben, was der Herr ihr im Lauf der Tage offenbarte.

- Pater Annibale Maria Di Francia: Luisas außergewöhnlicher Beichtvater. Offizieller Überprüfer der Schriften der Dienerin Gottes. Er veröffentlichte mehrere ihrer Werke, darunter *L'Horloge de la Passion (Die 24 Stunden der Passion unseres Herrn Jesus Christus).*

- Dom Francesco De Benedictis: Luisas Beichtvater zwischen 1922 und 1926.

- Dom Benedetto Calvi: Luisas Beichtvater zwischen 1926 und 1947, im Auftrag des Erzbischofs Giuseppe Leo.

- Erzbischof Giuseppe Carata steht für den Beginn der Vereinigung des Göttlichen Willens in Corato mit kanonischer Billigung, nach einer 10 Jahre dauernden Entwicklung.

- Der emeritierte Erzbischof Carmelo Cassati eröffnete den Seligsprechungsprozess von Luisa Piccarreta am Christkönigsfest 1994.

- Erzbischof Giovanni Battista Picchierri, derzeitiger Erzbischof von Trani, wurde gebeten, den Seligsprechungsprozess der Dienerin Gottes, Luisa Piccarreta weiterzuverfolgen.

Bildnachweis: Yolande Guérette

KAPITEL 1

Warum die Gabe des Göttlichen Willens?

Jesus

«Durch die Tugend Meines Willens soll der Mensch
im selben Zustand zu Mir zurückkehren,
in dem Ich ihn ursprünglich erschaffen habe.
Als er seinem eigenen Willen folgte,
fiel der Mensch in den Abgrund
und wurde in ein verwundetes Wesen verwandelt.
Wenn er Meinen Willen erfüllt,
steigt er wieder in den Zustand auf,
den Ich für ihn erwählt hatte.»

Quelle: Einbandbild des Buches: *Soleil – soleils – Prières pour vivre dans la Divine Volonté* (Sonne – Sonnen – Gebete für ein Leben im Göttlichen Willen), Marcel Laflamme, Verlag Christian & Parvis-Verlag. – Istock Photos

DIE HAUPTGRÜNDE
– Inhalt –

– 1.1 – WEGEN DER VERSCHWENDERISCHEN LIEBE GOTTES

Die Beziehungen in der Heiligen Dreifaltigkeit sind nur das Geschenk der Liebe vom Vater an den Sohn und die erwiderte Liebe des Sohnes an den Vater. Der Heilige Geist ist genau dieser Strom der Liebe, der ständig zwischen dem Vater und seinem Sohn Jesus kreist und der ständig danach strebt zu geben.

Von Ewigkeit her wird jeder Mensch vom Gott der unendlichen Liebe persönlich gewollt und als solcher geliebt. Der Mensch ist nach dem Ebenbild des Sohnes geformt worden, damit er seinerseits Erbe der Güter des Vaters wird. Als Getaufte sind wir Teil der göttlichen Familie, in der wir Prinzen und Prinzessinnen sind.

Seine äußerste Barmherzigkeit zeigt sich in Seiner Schöpfung, Seiner Menschwerdung, Seiner Erlösung, Seiner eucharistischen Gegenwart, Seinem Leben in unseren Herzen, den Verheißungen der Vollendung Seines Reiches wie im Himmel so auf Erden (*Vaterunser*-Gebet) und im unvorstellbaren und ewigen Lohn, den Er im Himmel für Seine Kinder bereithält.

Mit dem *Fiat* der Heiligung will Er in unserem Leben sein, wie es bei Adam war, durch eine neue Art der Vereinigung unseres Willens mit Seinem Willen, bei der Er das Geschöpf in die ewigen Horizonte Seines eigenen göttlichen Lebens hineinhebt, *was Gott erlaubt, eine vollkommene Verherrlichung von dem menschlichen Geschöpf zu empfangen.*

- 1.2 - WEGEN DER FREUDE GOTTES, SICH IN DEN SEELEN ABZUBILDEN

Jesus sagte zur seligen Dina Belanger: «Neben der vollkommenen und ewigen Glückseligkeit, die Ich in Meinem Vater und in Mir selbst besitze, ist es Meine Freude, Mich selbst in den Seelen abzubilden, die Ich aus Liebe erschaffen habe. Je mehr eine Seele Mir erlaubt, Mich wirklich in ihr abzubilden, desto mehr Glückseligkeit und Ruhe empfinde Ich in ihr. Die größte Freude, die eine Seele Mir bereiten kann, besteht darin, Mir zu erlauben, sie zur Göttlichkeit zu erheben. Ja, Meine kleine Braut, Ich empfinde eine unermessliche Freude, eine Seele in Mich selbst zu verwandeln, indem Ich sie vergöttliche, indem Ich sie ganz und gar in die Göttlichkeit aufnehme.» *(Livre de Gloire - Buch der Herrlichkeit)*

Mein Volk: «Ihr seid die Auserwählten, und als Meine Auserwählten habe Ich in jeden von euch den Weg eingeprägt, auf dem ihr zum Haus unserer Dreifaltigkeit findet. In Meinem Willen atmet das Geschöpf das *Alles* ein, spürt es die ganze Heiligkeit, die ganze Liebe, die ganze Schönheit, weil das Geschöpf durch das *Alles* Meines göttlichen *«Fiat»* in seinem Ozean bleibt, in dem das *Alles* ihm zur Verfügung steht. Nichts wird ihm mit halbem Maß oder in kleinen Anteilen gegeben, denn das *Alles* ist in der Lage, aus sich selbst heraus alles zu geben und nicht zu messen. Und nur in Meinem Fiat kann das Geschöpf sagen: "Ich besitze alles – und sogar noch mehr, denn das *Alles* ist mein".»

– 1.3 – DIE DREI GROSSEN «FIAT» GOTTES

Jesus: «Dreimal hat die Gottheit ad extra (nach außen hin) gewirkt: Das erste Mal bei der Schöpfung, das zweite Mal bei der Erlösung und das dritte Mal mit dem "*Fiat*» der Heiligung, das mit der Erfüllung Unseres Willens wie im Himmel so auf Erden zu tun hat, damit das Geschöpf in der Heiligkeit und der Macht Unseres Willens lebt und handelt.» (Band 15, 11.07.1923)

1. BEIM «FIAT» DER SCHÖPFUNG

Adam und Eva wurden nach dem Bild Gottes, Ihm ähnlich erschaffen. Er hatte ihnen Sein größtes Geschenk gemacht, das Leben im Göttlichen Willen, das die Quelle aller Gnaden und alles Guten ist. Leider bevorzugten sie den menschlichen Willen und haben sich von Gott abgeschnitten. Seit ihrem Sündenfall besitzen die Menschen einen armseligen, schwachen, unbeständigen und ungeordneten Willen. Da sich die Menschheit vom Göttlichen Willen getrennt hat, *hat sie den Plan der Liebe und der Ehre vereitelt, die sie Gott für die Schöpfung erweisen sollte.* Die Menschheit hat einen falschen Weg eingeschlagen, sie hat sich selbst zunichte gemacht. Denn der menschliche Wille verweist auf den Hochmut eines jeden und führt zu Zersprengung, Spaltung, Egozentrik, Neid, Herrschaft, Eitelkeit, Eifersucht, Hass usw. Das ist der wilde und aufrührerische Zweig der Schöpfung.

2. BEIM «FIAT» DER ERLÖSUNG

Nachdem der Mensch gesündigt hatte, sandte Gott seinen Sohn in die Welt, um sie zu erlösen. Während Seines Lebens hat der Sohn den Willen des Vaters in allem erfüllt. Die Erlösung hat zum letzten Ziel, dass der Mensch wieder Besitz von Seinem Willen und der Sohn von unserem Willen ergreift, um zum ursprünglichen Schöpfungswerk zurückzukehren. Es ist das Gebet, das Jesus für Seine Jünger an Seinen Vater richtet: «Alle sollen eins sein: Wie du, Vater, in mir bist und ich in dir bin», und: «Dein Wille geschehe wie im Himmel so auf Erden.»

3. BEIM DRITTEN «FIAT» DER HEILIGUNG

Der Auftrag des Heiligen Geistes, nämlich die Heiligung, wird in der Kirche, die im Zeitalter der göttlichen Heiligkeit erneuert wird, vollständig und ganz göttlich sein. In diesem Fall ruft Gott uns auf, ein und dasselbe Leben in seinem Göttlichen Willen zu leben. Durch diese göttliche Stellvertretung will Er unseren sündigen Willen und unsere begrenzten Fähigkeiten durch Seine unendliche Fähigkeit ersetzen, um die vielen Wohltaten zu empfangen, die unser Vater uns in diesem so lang schon prophezeiten Zeitalter der Gerechtigkeit und des Friedens dringend schenken will. Es ist das Wunder aller Wunder, das der Wille Gottes bis heute für sich behalten hatte, jetzt aber bekannt machen will, damit sich die Absicht bei der Schöpfung des Menschen erfüllt. Großartig ist dieses göttliche Vorhaben! Halleluja!» (Vgl. *Buch der Herrlichkeit*)

– 1.4 –
KURZER HISTORISCHER ÜBERBLICK

1. **Jesus sagte zu Luisa:** «Meine Tochter, als Ich den Menschen erschuf, wollte Ich, dass er in allem Meinen Willen tut und dass sich nach und nach durch das wiederholte Handeln in Meinem Willen die Sonne Meines Lebens in ihm ausformt. So wäre die Sonne Meines Lebens in ihm auf dieselbe Sonne gestoßen und die beiden wären zu einer Einheit verschmolzen. Dann hätte ich ihn zu den Freuden des Himmels geführt.» (Band 12, 03.04.1920)

2. Adam hatte eingewilligt, von Gott in allen Situationen, in all seinen Gedanken, Worten, Blicken, seinen Bewegungen, seinen Atemzügen, seinen Herzschlägen usw. belebt zu werden. Aus diesem Grund war das ganze Handeln Adams perfekt und von göttlicher Ordnung.

3. Als unsere ersten Eltern nach ihrem eigenen Willen leben wollten, verließen sie ihre Heimat und verloren alle Güter des Göttlichen Willens, die ihnen zugeteilt waren. Als Adam (das Nichts) aus Hochmut selbständig sein wollte, ließ er zu, dass das *Alles* (Gott) dem Nichts untergeordnet wurde, und so verließ das *Alles* den Menschen. Durch das Primat des menschlichen Willens wird die Welt auf den Kopf gestellt, sie lehnt die göttliche Liebe ab und versinkt in Zerstreuung und Übel.

4. Dank Seiner Menschwerdung hat Jesus alle Güter in Besitz genommen, und so lebte Er jeden Augenblick Seines Menschseins im Ewigen Willen: «Mein Menschsein nahm alles in Besitz, nicht für Mich allein, sondern um meinen Geschwistern die Türen zu öffnen.» Während Seines verborgenen Lebens auf der Erde nahm Jesus alle Gedanken, Worte, Handlungen, alles von jedem von uns auf sich, von Adam bis zum letzten erschaffenen

Menschen, und gestaltete das Leben aller im göttlichen Willen neu. Der Herr hat also durch die Erlösung den Keim der Erneuerung gelegt und jetzt vollendet Er die Konkretisierung seines Werkes durch das *Fiat* der Heiligung. (Das Buch des Himmels)

5. Jesus machte Maria zur Königin und Mutter des Reichs des Göttlichen Willens. Nach Adam und Eva war sie der dritte Mensch, der das Geschenk des Göttlichen Willens empfing. Luisa Piccarreta erhielt dieses Geschenk am 8. September 1889, wodurch das Zeitalter des Reiches des Göttlichen Willens auf Erden eingeläutet wurde gemäß dem Dritten Göttlichen Dekret der Heiligung.

6. Das Leben im Göttlichen Willen ist die Krönung aller Werke Gottes, die Vollendung der Schöpfung, in der das Handeln der Geschöpfe die Fortsetzung Seines Willens darstellt. Auf diese Weise sind die Geschöpfe und der Schöpfer eins, und die Schöpfung erweist Gott alle Ehre. Zu diesem Zweck wurde das Menschengeschlecht erschaffen.

– 1.5 – DAMIT DER MENSCH SEINEN URSPRÜNGLICHEN GLANZ WIEDERERLANGT

Das *Vaterunser*-Gebet «Dein Wille geschehe, wie im Himmel so auf Erden», beginnt in den Herzen Wirklichkeit zu werden, damit der Mensch seinen ursprünglichen Glanz wiedererlangt.

Jesus: «Nach Meinem Willen sollen alle wissen, dass dieses Reich des letzten *FIAT* nahe ist. Alle sollen seine eindrücklichen Vorzüge schätzen und hoffen, in dieses so heilige Reich eintreten und darin leben zu können, das so voller Glückseligkeit und Segen ist. Was für die Menschen schwierig scheint, ist für die Macht unseres Willens leicht.

Um das Reich des Göttlichen Willens zu errichten, benutzt Gott eine neue Form der Vereinigung mit Seiner wahren Gegenwart, indem Er das Leben jedes einzelnen Willens im Göttlichen Willen vereint. Der Herr adelt den Menschen mit Seinem göttlichen Leben, um Seinen inneren Tabernakel zu formen und um in wechselseitiger Beziehung mit jedem Seiner Kinder in Seinem Reich zu handeln, in dem Er der König der Könige sein wird.

Jesus: «In Meinem Willen atmet das Geschöpf das *Alles* ein, spürt es die ganze Heiligkeit, die ganze Liebe, die ganze Schönheit, weil das Geschöpf durch das *Alles* meines Göttlichen *«Fiat»* in seinem Ozean bleibt, in dem das *Alles* ihm zur Verfügung steht. Nichts wird ihm in halbem Maß oder in kleinen Anteilen gegeben, denn das *Alles* ist in der Lage, aus sich selbst heraus alles zu geben, und nur in meinem Fiat kann das Geschöpf sagen: «Ich besitze alles – und sogar mehr noch, das Alles ist mein.»

Wenn der Mensch zur Ordnung, zum Ort und zum Zweck zurückkehrt, für den er von Gott erschaffen wurde, ist er in der Lage, seine ganze Dimension als Kind Gottes in Besitz zu nehmen, Ihn mit göttlicher Liebe zu lieben und so ein Bürger des Neuen Jerusalem zu werden.

– 1.6 –
DAMIT DAS REICH GOTTES KOMMT

Wir treten in einen außergewöhnlichen Moment der Verwandlung der Menschheit ein, der sie zu ihrer endgültigen Vollkommenheit führt.
Jesus sagt: «Meine Liebe quillt voller Glut über und das Reich Meines Willens hat beschlossen, Sein Leben unter den Geschöpfen zu führen. Da sich Mein Göttlicher Wille in seiner ganzen Pracht zeigt, ohne ihre Verdienste zu berücksichtigen, ist er bereit, von neuem Sein Reich zu schenken. Dies ist die Zeit der himmlischen Gabe, welche die wahre Erneuerung der Welt nach dem göttlichen Beschluss bringt, denn die Schöpfung dient dem Zweck, dass alle in der Einheit des Lichtes des GÖTTLICHEN *FIAT* bleiben.»

Jesus: «So wie die Schöpfung mit dem Überströmen der Liebe begonnen hat, werden wir sie mit unseren Kindern durch ein Aufbrechen der Liebe vollenden. Diese unsere Kinder werden der vollkommenen Herrlichkeit der gesamten Schöpfung dienen. Es wäre unser nicht würdig, wenn Wir nicht die Ehre erhielten, die die Geschöpfe Uns schulden für all diese Dinge, die Wir aus Liebe zu ihnen erschaffen haben.» (Band 35, 22.03.1938)
Die Erde wird euer Ort der Liebe sein, so wie Jesus der Ort der Liebe ist: Ihr werdet aus Ihm und durch Ihn leben, Er wird alles für euch sein, die ihr auf der Erde seid. *«Er hat uns das Geheimnis seines*

Willens kundgetan, wie er es gnädig im Voraus bestimmt hat in ihm. Er hat beschlossen, die Fülle der Zeiten heraufzuführen, das All in Christus als dem Haupt zusammenzufassen, was im Himmel und auf Erden ist, in ihm.» (Eph 1,10)

– 1.7 –
ÜBEREINSTIMMUNG MIT DER VISION DER KIRCHE

«In seinem apostolischen Schreiben zum dritten christlichen Jahrtausend bekräftigt Papst Johannes Paul II., dass die Menschheit an der Schwelle eines neuen Frühlings steht, der eine Wiederentdeckung der Heiligkeit der Kirche und ein neues Zeitalter im Leben der Kirche mit sich bringen wird.»

Vor seiner Krönung zum Papst bekannte Kardinal Joseph Ratzinger, dass die Worte seines Vorgängers über das neue Jahrtausend auf den Römerbrief des heiligen Paulus anspielten: «Denn die Schöpfung wartet sehnsüchtig auf das Offenbarwerden der Söhne Gottes... Denn auch sie, die Schöpfung, soll von der Knechtschaft der Vergänglichkeit befreit werden zur Freiheit und Herrlichkeit der Kinder Gottes.» (Vgl. Pater Iannuzzi, Doktorarbeit, Rom 2012)

Der Katechismus der Katholischen Kirche enthält mehrere Abschnitte, die für diese Erneuerung relevant sind:

- **Nr. 1043** Die Schrift bezeichnet diese geheimnisvolle Erneuerung, die die Menschheit und die Welt umgestalten wird, als «den neuen Himmel und die neue Erde».
- **Nr. 1044** Wenn Gott im himmlischen Jerusalem «alles neu» macht (Offb 21,5), wird Er seine Wohnung unter den Menschen haben. *«Er wird alle Tränen von ihren Augen abwischen: Der Tod*

wird nicht mehr sein, keine Trauer, keine Klage, keine Mühsal. Denn was früher war, ist vergangen.» (Offb 21,4)

- **Nr. 1045** Für den Menschen wird in dieser Vollendung die Einheit des Menschengeschlechtes voll und ganz hergestellt sein, die von Gott seit der Erschaffung der Welt gewollt wurde und deren «Sakrament» gleichsam die pilgernde[2] Kirche war (LG 1). Die mit Christus Vereinten werden die Gemeinschaft der Erlösten bilden, *«die Heilige Stadt»* Gottes (Offb 21,2), *«die Braut des Lammes»* (Offb 21,9). Diese wird nicht mehr unter der Sünde, den Unreinheiten (vgl. Offb 21,27), der Eigenliebe zu leiden haben, die die irdische Gemeinschaft der Menschen zerstören oder verwunden.
- **Nr. 1046** Was den Kosmos angeht, so besteht nach der Offenbarung zwischen der materiellen Welt und dem Menschen eine tiefe Schicksalsgemeinschaft.
- **Nr. 1047** Das sichtbare Universum ist somit ebenfalls dazu bestimmt, umgewandelt zu werden, «damit die Welt, in ihren anfänglichen Zustand zurückversetzt, nunmehr unbehindert im Dienst der Gerechten stehe» (Irenäus, hær. 5,32,1) und so an deren Verherrlichung im auferstandenen Jesus Christus teilhabe.
- **Nr. 1049** «Dennoch darf die Erwartung der neuen Erde die Sorge für die Gestaltung dieser Erde nicht abschwächen, wo der Leib der neuen Menschheitsfamilie wächst, der schon eine umrisshafte Vorstellung von der neuen Welt bieten kann, sondern muss sie vielmehr ermutigen. Deshalb hat der irdische Fortschritt, obwohl er eindeutig vom Wachstum des Reiches Christi zu unterscheiden ist, dennoch große Bedeutung für das Reich Gottes, insofern er zu einer besseren Ordnung der menschlichen Gesellschaft beitragen kann» (GS 39,2).

---

2. Die Kirche in Bewegung

GEBET

Jesus: «Ich liebe die Geschöpfe so sehr, dass Ich sie mit Meinem Willen vereinen will, um sie fruchtbar zu machen, um ihnen ein Leben in der Liebe zu schenken.» (Band 12, 18.07.1917)

✝ «Komm mit Mir in Meinen Willen. Erheben wir uns zwischen Himmel und Erde und beten wir gemeinsam die Höchste Majestät an. Preisen wir Sie und ehren wir Sie für alle, damit der Himmel und die Erde mit Anbetung, Huldigung und Lobpreis erfüllt werden und alle deren Auswirkungen empfangen.» (Band 14, 21.04.1922)

SCHLUSSFOLGERUNG

«Denn die gesamte Schöpfung seufzt und liegt in Geburtswehen bis zum heutigen Tag. Aber nicht nur das, sondern auch wir, obwohl wir als Erstlingsgabe den Geist haben, auch wir seufzen in unserem Herzen und warten darauf, dass wir mit der Erlösung unseres Leibes als Söhne offenbar werden» (Römer 8,19-23). Es vergeht zwar die Gestalt dieser Welt, die durch die Sünde missgestaltet ist, aber wir werden belehrt, dass Gott eine neue Wohnstätte und eine neue Erde bereitet, auf der die Gerechtigkeit wohnt (17), deren Seligkeit jede Sehnsucht nach Frieden in den Herzen der Menschen erfüllt und übertrifft.» (Gaudium et spes, Nr. 39)

Jesus: «Ohne auf die Verdienste der Menschen zu schauen, entfaltet sich Mein Wille großzügig mit unübertrefflicher Großherzigkeit und will von neuem Sein Reich schenken.» «Dieses unendliche Licht, das Unser Wille ist, ist aus dem Schoß der Gottheit als Erbe für den Menschen hervorgegangen. Es ist das schönste Erbe, das Wir ihm schenken konnten. Es kam aus den Tiefen Unseres Schoßes und trug in sich einen Teil all Unserer Güter, damit das Geschöpf sie erbt, damit Er das Geschöpf schön und heilig macht nach dem Bilde dessen, der es erschaffen hat.» (Band 19, 31.03.1926)

«Eine Armee von Seelen wird in Meinem Willen leben, der die größte aller Gnaden ist. Diese Seelen bilden die Morgendämmerung, die die Sonne des Göttlichen *Fiat* auf Erden aufleuchten lassen wird» (Das Buch des Himmels).

Bildnachweis: AdobeStock_75069923

KAPITEL 2

Was bedeutet das Leben im Göttlichen Willen?

Jesus

«Oh, wie schön ist es, in Meinem Willen zu leben.
Das gefällt Mir so sehr,
dass Ich in zukünftigen Generationen
alle anderen Formen der Heiligkeit beseitigen werde,
unabhängig von ihren Tugenden.
Ich werde die Heiligkeit in Meinem Willen herbeiführen,
und das ist keine menschliche Heiligkeit mehr,
sondern eine Göttliche Heiligkeit.»
(Band 12, 20.11.1917)

WESENTLICHE ELEMENTE
– Inhalt –

– 2.1 – UNTERSCHEIDUNG ZWISCHEN DEM MENSCHLICHEN WILLEN UND DEM GÖTTLICHEN WILLEN

DER MENSCHLICHE WILLE

Jesus: «Der Wille ist das, was den Menschen seinem Schöpfer am ähnlichsten macht. Ich habe einen Teil Meiner Unermesslichkeit und Macht in den menschlichen Willen gelegt, ihm den Ehrenplatz gegeben und ihn so zum König des Menschen und zum Verwahrer seines ganzen Handelns gemacht. Er ist der Antrieb und das Lebensprinzip der Seele. Der Wille besitzt die freie Entscheidung und belebt den Intellekt und das Gedächtnis. Der menschliche Wille wurde nicht geschaffen, um sich vom Göttlichen Willen abzuschneiden.

Der Wille kann in einem Augenblick unzählige gute und schlechte Dinge wollen... Wie viele Übel oder Wohltaten kann er enthalten! Durch einen Akt des menschlichen Willens begingen Adam und Eva die Erbsünde, die ihre menschliche Natur und die ihrer Nachkommen in Unordnung brachte und sie zu Sündern machte. Deshalb verlange Ich vor allem anderen nach dem Willen des Menschen, denn in ihm habe Ich alles erobert – dann ist die Festung eingenommen.» (Band 13, 09.10.1921)

Nun muss der Mensch durch einen freien Akt seines Willens mit dem Göttlichen Willen verschmelzen, um die ursprüngliche Ordnung wiederzufinden.

DER GÖTTLICHE WILLE

Gott für seinen Teil hat einen unendlich wunderbaren und vollkommenen Willen. Der Göttliche Wille ist ganz geistlich und nichts als Liebe. Er ist das reine und vollkommene Leben der Allerheiligsten Dreifaltigkeit, ihr Lebensprinzip. Er ist überall, umfasst alles und bringt alles in Gott hervor: Seine Eigenschaften, Seine Vollkommenheit, Seine Wohltaten. Er hat die Macht, alles, was in ihn eindringt, unendlich zu machen.

Jesus: Der Wille Gottes ist das Paradies der Seele auf Erden, und die Seele, die im Göttlichen Willen lebt, ist das Paradies Gottes. Der Wille Gottes ist der einzige Schlüssel, der die göttlichen Schätze öffnet und der Seele eine Vertrautheit mit dem Haus Gottes schenkt, als sei sie sein Besitzer.» (Band 7, 03.07.1906)

Sein Wille ist Heilmittel, Nahrung und Leben. Er ist die Quelle der höchsten Heiligkeit. Die Auserwählten im Himmel besitzen den Göttlichen Willen, mit dem sie Gott in vollkommener Weise verherrlichen, und sie sind in vollkommenem Einklang mit Seiner Liebe.

«Bei allem, was das Geschöpf tut, ist Mein Wille als Leben und Meine Liebe als Nahrung beteiligt. Doch wie weh tut es uns zu sehen, dass das Geschöpf nicht erkennt, wer sein Leben formt und sein ganzes Handeln nährt.» (Band 28, 16.07.1930)

Jesus: «Ich bin der *Alles*, der in tiefer inniger Vertrautheit in eurem Körper, Eurem Herzen, Eurer Seele, eurem Geist und Gewissen leben will und nie mehr von eurem Menschsein abgelehnt, übergangen, ungeliebt und euch unbekannt sein möchte. Lasst Mich in euch leben, in euch atmen, alles in euch vollbringen, in jedem von euch gemäß Meinem Willen. Dann werde Ich Meine Kirche aufbauen.»[3]

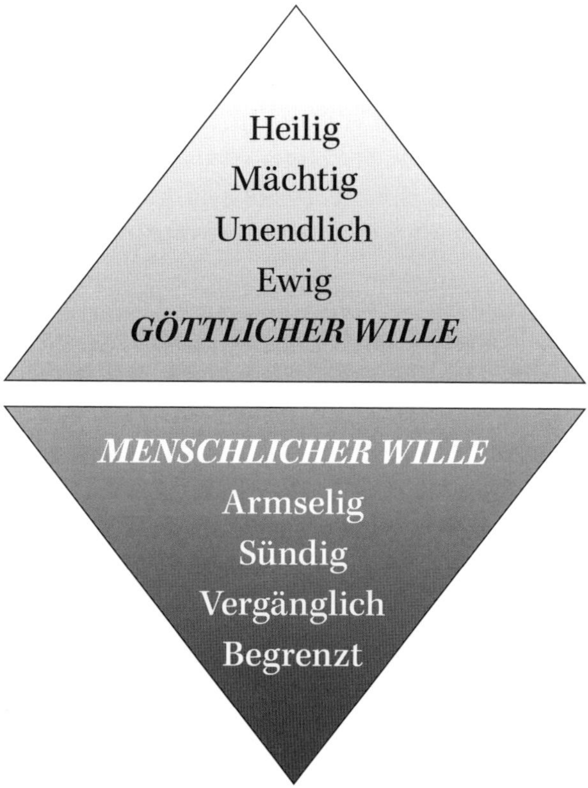

3. *Soleil – soleils – Prières pour vivre dans la Divine Volonté* (Sonne – Sonnen – Gebete für ein Leben im Göttlichen Willen), Marcel Laflamme. S. 18.

Bildnachweis: Yolande Guérette

– 2.2 – UNTERSCHEIDUNG ZWISCHEN «DEN GÖTTLICHEN WILLEN TUN» UND «IM GÖTTLICHEN WILLEN LEBEN»

DEN WILLEN GOTTES «TUN»

1. Dies bedeutet, mit zwei Willen zu leben: unserem Willen und Gottes Willen.

2. Es bedeutet, in der menschlichen Ordnung leben, die Last seines menschlichen Willens mit seiner verletzten Natur, seinen Leidenschaften und Neigungen zu spüren.

3. Es bedeutet, Gottes Geboten zu folgen und als Diener die Verfügungen Seines Göttlichen Willens zu empfangen und Seine Bitten auszuführen.

4. Dieser Diener besitzt die Güter des Göttlichen Willens, seine Eigenschaften, seine Unermesslichkeit nicht.

5. Dieser Diener ist gezwungen, größere Opfer zu bringen und eine schwierigere, bescheidenere Arbeit zu leisten. Er erhält einen kleinen Lohn für die vollbrachte Arbeit.

Jesus sagt zu Luisa: «Ich werde deinen Willen im Göttlichen Willen neu ordnen. Denn auf diese Weise werde Ich die vielen Wohltaten, die bisher zwischen dem Schöpfer und dem menschlichen Geschöpf in der Schwebe geblieben sind, verwirklichen und neu beleben.»

IM GÖTTLICHEN WILLEN «LEBEN»

1. Es geht um einen Austausch des Willens: Wir verzichten auf den menschlichen Willen und bitten Gott, Seinen Willen an die Stelle unseres Willens zu setzen.

2. Wir leben nur mit einem einzigen Willen – dem Seinen – der im menschlichen Geschöpf herrscht und sein Wirken beseelt.

3. Gott verwandelt sich vom Zuschauer zum Akteur in uns und wirkt mit seiner Göttlichen Macht der Liebe.

4. Wir leben in vollkommener Übereinstimmung und in einer Gütergemeinschaft mit Gott, der seine Eigenschaften mit uns teilt, auf dass der Vater vollkommen verherrlicht wird.

5. Mit göttlicher Fruchtbarkeit leben: Unsere kleinen Taten sind mit den Taten Jesu vereint und gleichen demnach den Seinen, die unendlich, göttlich, edel sind und in der ewigen Tat Gottes wurzeln.

«Die Heiligen auf Erden haben sich selbst auf den Göttlichen Willen ausgerichtet und versucht, ihm so gut wie möglich zu entsprechen. Doch das Geschenk des Göttlichen Willens geht noch weiter, als nur den Willen Gottes zu tun. Es heißt, Ihn Seinen Willen in uns erfüllen lassen. Die Erwählten im Himmel besitzen den Göttlichen Willen, mit dem sie Gott in vollkommener Weise verherrlichen, und sie entsprechen Seiner Liebe vollkommen.»

– 2.3 – DAS NEUE AM GESCHENK DES GÖTTLICHEN WILLENS: FÜNF ZUSÄTZLICHE DEFINITIONEN

1. **Im Göttlichen Willen leben** ist die Gabe aller Gaben, die Heiligkeit aller Heiligkeit, die zum Ziel hat, den Traum Gottes zu erfüllen, uns den Zugang zu unserem Erbe als Kinder Gottes zu ermöglichen, das heißt zur Ordnung, zum Ziel und zum Platz der ersten Zeiten der Schöpfung zurückzukehren, wo der Mensch seinen ursprünglichen Glanz wiedererlangt.

2. «**Das Reich des Göttlichen Willens** ist von wunderbarer und bezaubernder Schönheit für diejenigen, die begreifen und glauben, dass sie nichts sind. Das Nichts löst sich im ALLES auf und das *Alles* verschmilzt gleichzeitig mit dem Nichts – die erschaffene Demut erhebt sich zur Höhe der Göttlichkeit, und die Göttlichkeit steigt in die Tiefen des Geschöpfes hinab. Die beiden Wesen – das menschliche und das göttliche – werden auf untrennbare Weise verschmolzen und identifiziert – zwei Leben, die in einem einzigen Leben pulsieren.» *(Vivre et prier dans le Royaume de la Divine Volonté. [Leben und Beten im Reich des göttlichen Willens],* S. 75)

3. **Alles ist großartig im Göttlichen Willen**, denn die göttliche, allmächtige Liebe wird uns geschenkt. Wir tauschen unseren Willen aus, dann betet Jesus in uns (göttliche Stellvertretung). Das Gebet vermehrt sich unendlich; es ist vollkommen und vollständig, es dringt überall ein und ist ewig. Wenn wir also für alle beten, treten wir an die Stelle der ganzen Menschheit und werden zur Stimme der Schöpfung, die Gott eine vollkommene Verherrlichung mit Seiner eigenen Liebe darbringt.

4. **Im Göttlichen Willen leben** ist ein Leben der Vereinigung mit der wahren Gegenwart Christi, bei der das Geschöpf in die ewige göttliche Wirkungsweise erhoben wird. Wenn wir im Austausch für *Sein FIAT* dem Herrn *unser FIAT* schenken, ziehen wir die Heilige Dreifaltigkeit in unser Herz. So werden wir dann Träger 1) des Handelns Gottes mit Seiner schöpferischen Macht und 2) Seines göttlichen Lebens mit Seinen Eigenschaften, die uns verwandeln. Wir erweisen Ihm die Ehre, in uns mit Seinem Göttlichen Tun handeln zu können, das sich unendlich fortsetzt, und mit seinem Göttlichen Leben, das uns nach und nach in sein Ebenbild verwandelt.

5. «**Wer im Göttlichen Willen lebt,** atmet das *Alles*. Die Seele, die einatmet, atmet das *Alles* ein, das Gott ist. Beim Ausatmen gibt sie das *Alles* weiter, das sie eingeatmet hat. Dabei schöpft sie im *Alles* und gibt das *Alles* weiter. Sie gibt das *Alles* Gott und dabei gibt sie Gott selbst an Gott weiter und gibt das *Alles* an die Geschöpfe weiter, um Gott und alles, was Er tut, dann von neuem einzuatmen.»

– 2.4 – DAS NEUE AM GESCHENK DES GÖTTLICHEN WILLENS: FÜNFZEHN MERKMALE

1. Es handelt sich nicht um eine neue Andachtsübung, sondern wirklich um **ein neues Leben**, um eine Rückkehr zur ursprünglichen Schönheit: ein neues Herz und ein neuer Geist, ein geläuterter Blick und Verstand.
   Jesus: «Es handelt sich ausschließlich um ein göttliches, nicht ein menschliches Leben, und allein Mein Wille bildet die göttliche Heiligkeit in der Seele aus.» (Band 14, 06.06.1922)

2. Es geht darum, **eine ganz göttliche Heiligkeit zu leben**, es geht darum, die höchsten Gaben zu besitzen als Vorbereitung auf das neue Zeitalter des Reiches des Göttlichen Willens auf Erden gemäß den Verheißungen, die im Vaterunser enthalten sind: «Dein Reich komme, Dein Wille geschehe wie im Himmel so auf Erden.»
   Jesus: «Dies ist die schönste und hellstrahlende Heiligkeit, die auf Erden noch nicht bekannt ist. Ich werde sie bekannt machen. Sie ist die Krone und Vollendung aller anderen Formen von Heiligkeit.»

3. Es ist **ein Austausch des menschlichen Willens gegen den Göttlichen Willen**, eine göttliche Stellvertretung durch das Leben Gottes, das in der Seele herrscht: ein einziger Wille, dieselbe Liebe und Einheit in jeder unserer täglichen Taten...
   Es bedeutet, nach der Art Gottes und in Seinem Willen zu handeln. Die Seele beschließt, Gott in sich wirken zu lassen, ohne Seinem Handeln irgendwelche Hindernisse in den Weg

zu legen. Der Schöpfer setzt sich mit Seiner Macht an unsere Stelle, um Sein Königreich zu errichten.

4. Es bedeutet, **über alles die Vorherrschaft** zu haben.
   Jesus: «Es ist das größte Glück einer Seele, sich von Meinem Willen beherrschen zu lassen. Eine solche Seele hat die Vorherrschaft über alles. Sie nimmt den höchsten Ehrenplatz in der ganzen Schöpfung ein. Sie verlässt niemals den Ort, an den Gott sie gestellt hat. Gott findet sie auf Seinem väterlichen Schoß sitzend vor und diese Seele sagt Ihm immer wieder und unablässig Seine Herrlichkeit, Seine Liebe und Seinen Ewigen Willen. Und da sie auf dem Schoß des himmlischen Vaters sitzt, gilt ihr Seine besondere Vorliebe. Die Ströme von Gnaden, die unaufhörlich aus dem göttlichen Schoß hervorquellen, gehören ihr. Die ersten Küsse, die höchsten Liebkosungen der Liebe gelten dieser Seele.»

5. Es bedeutet, **als ein Kind zu leben**, das die Güter des Vaters besitzt. Ein solches Leben kommt dem der Seligen im Himmel sehr nahe.
   Jesus: «Meine Tochter, ob du Mich siehst oder nicht, du sollst wissen, dass Ich dich jedes Mal, wenn du dich in Meinem Willen hingibst, in deinem Inneren an der Hand nehme und dich in die Höhen erhebe. Und vom Himmel aus gebe Ich dir Meine andere Hand, nehme die deine und führe dich mitten in Uns, in Unseren unendlichen Willen hinein.» (Band 17, 27.01.1925)

6. Es handelt sich um **einen vollkommenen Einklang** und eine Gütergemeinschaft mit Gott, bei der wir Anteil haben an Seinem Bild, an Seiner Schönheit, an Seinen Ozeanen an Reichtümern und Freude und an Seiner Glückseligkeit ohne Ende.
   Jesus: «Oh, wie glücklich bin Ich, dieser Seele alles geben zu können, was Ich will, denn Mein Wille hat ein Ausmaß, das es der Seele erlaubt, alles zu empfangen, so dass zwischen der Seele

und Mir keine Trennung mehr besteht, sondern eine ständige Vereinigung in der Arbeit, in den Gedanken, in der Liebe. Mein Wille macht in ihr alles wieder wett. So sind wir in vollkommenem Einklang und in Gütergemeinschaft. Das war unser Plan bei der Erschaffung des Menschen.» (Band 16, 20.02.1924)

7. Es bedeutet, die **göttliche Ordnung** durch die Strahlen Seines Willens zu erlangen, die das Geschöpf von allem Menschlichen, von seinen Neigungen, Leidenschaften und Vorlieben frei machen, so dass der Mensch seinen ursprünglichen Glanz wiedererlangt.
Jesus: So kann man in ihm den herrlichen REGENBOGEN Meiner Eigenschaften sehen. Jedes Mal, wenn die Seele sich auf Meinen Willen einlässt und in Ihm betet, handelt oder anderes, empfängt sie in Fülle ihre göttlichen Farben, von denen die einen schöner sind als die anderen. Siehst du nicht all die Farben und Schönheit in der Natur? Sie sind nur ein Abglanz derer, die in meiner Gottheit zu finden sind.» (Band 16, 30.07.1923)

8. Es ist eine **Macht der Erneuerung des göttlichen Lebens**: das Leben der göttlichen Schönheit, der Heiligkeit, der Liebe, des Lichtes, der Macht, der Weisheit, um Ihn ewig zu verherrlichen. «In den Seelen, die im Göttlichen Willen leben, lebt Jesus sein wahres Leben, wie er es in der Eucharistie tut. Jede Tat, die im Göttlichen Willen ausgeführt wird, wird von Jesus als eine geistliche Hostie geweiht, die mit Seinem wahren und ewigen Leben erfüllt ist, wie jede Hostie, die bei der Messe geweiht wird!» (Luisa)

9. **Jesus:** «Oh **Macht Meines Willens**, wie wichtig bist du. Du allein vereinigst das größte, das erhabenste Wesen mit dem kleinsten, dem winzigsten Wesen zu einem einzigen Wesen.

Du allein hast die Macht, das Geschöpf von allem zu befreien, was nicht von Dir kommt, und in ihm aus Deiner Spiegelung die ewige Sonne zu bilden, die mit ihren Strahlen, die Himmel und Erde erfüllen, in die Sonne der Höchsten Majestät übergeht.» (Band 19, 08.08.1926)

10. Es bedeutet, **alles von Gott zu erwarten**, auf Kosten dessen zu leben, was Jesus besitzt, alles von Seinem Menschsein zu empfangen und Seine Wohltaten über die Menschheit auszugießen. Es bedeutet, nichts auf eigene Faust zu tun. Es bedeutet, menschliche Mittel zu haben und göttliche Taten zu vollbringen. Es bedeutet, die menschliche Vorgehensweise aufzugeben und die göttliche Vorgehensweise mit Seiner Macht der Liebe, der Weisheit und der Güte anzunehmen. Es bedeutet, in allem, was uns zustößt, ein «Ich liebe dich» von Gott zu sehen.

11. **Jesus:** «Meine liebe Tochter, **die Wundertaten, die mein *Fiat*** im Tun eines Geschöpfes wirkt, das in Meinem Willen lebt, übertrifft alles, was man je gehört hat. Der Himmel ist ganz aufmerksam, wenn Mein Wille im Begriff ist, in einer Tat des Geschöpfes zu handeln. Er ist dann ergriffen, in Verwunderung versetzt, gefesselt und ruft aus: "Ist es möglich, dass ein Gott durch Seinen dreimal heiligen Willen einen solchen Grad der Liebe erreichen kann, dass Er sich selbst in dem Tun des Geschöpfes erschafft?"» (Band 35, 30.01.1938)

12. Es bedeutet, kleine Dinge zu tun, kleine Taten, die wir mit den Taten Jesu vereinen, so dass sie den Adel, den Glanz, die Heiligkeit, die Macht und die Güte Gottes erlangen. Es bedeutet, eine **endlose Fähigkeit zu haben, Gott zu lobpreisen**. Denn das Geschöpf liefert dem Herrn das Echo Seiner Liebe, Seiner Weisheit und Seiner Macht, wie Adam und Eva es vor dem Sündenfall taten.

13. Es bedeutet, sich an die Stelle der ganzen Schöpfung und aller zu setzen, um im Namen aller anzubeten, zu lieben, zu danken, zu sühnen, Fürsprache einzulegen, wiedergutzumachen, und zwar auf göttliche Art, in der sich alles unendlich vermehrt: Überall im Himmel, im Fegefeuer, in der Schöpfung und in den Herzen aller vergangenen, gegenwärtigen und zukünftigen Geschöpfe eindringen.

14. Es bedeutet, in Ihm und mit Ihm **Gebets-Tourneen durchzuführen**, in Verbindung mit Seinen Schöpfungs-, Erlösungs- und Heiligungswerken und mit einer unendlichen Fähigkeit, Gott zu loben. Diese Taten bringen die Gnade Gottes zu allen Seelen auf der Erde wie im Himmel durch alle Zeiten hindurch. Sie erweisen den Heiligen mehr Ehre und entzücken die Drei Göttlichen Personen überall und immer.

15. Dies ist der erhabene **Auftrag, der Maria gegeben** wurde, die auf Erden damit betraut ist, Kinder des Reiches des Göttlichen Willens hervorzubringen.
    Jesus: «Indem die Drei Göttlichen Personen alle Geschöpfe durch die Schönheit und die Liebe Mariens hindurch betrachteten, liebten sie alle Geschöpfe mit der Liebe, die in dieser himmlischen Königin verborgen ist. Die Bildung dieses neuen göttlichen Lebens in der Seele dient der Vorbereitung auf die Neue Zeit, in der Sein Wille geschehen wird wie im Himmel so auf Erden.»

KURZ ZUSAMMENGEFASST

15 EIGENSCHAFTEN DES LEBENS IM GÖTTLICHEN WILLEN

1. Ein neues Leben, eine Rückkehr zur ursprünglichen Schönheit.
2. Eine ganz göttliche Heiligkeit.
3. Ein Austausch des menschlichen Willens gegen den Göttlichen Willen.
4. Die Vorherrschaft über alles in der Schöpfung haben.
5. Als Kind Gottes leben, das die Eigenschaften des Vaters besitzt.
6. Ein perfekter Einklang und die Gütergemeinschaft mit Gott.
7. Die göttliche Ordnung in sich selbst erlangen.
8. Eine Macht, die das göttliche Leben erneuert.
9. Sich die Macht des Göttlichen Willens zunutze machen.
10. Alles von Gott erwarten.
11. Das Wunder der Wunder.
12. Eine unendliche Fähigkeit haben, Gott zu lobpreisen.
13. An die Stelle der gesamten Schöpfung treten.
14. Gebets-Tourneen durchführen.
15. Der erhabene Auftrag, der Maria anvertraut wurde, Kinder des Königreichs hervorzubringen.

– 2.5 – ZEHN SPEZIFISCHE ZÜGE DIESER GÖTTLICHEN HEILIGKEIT

Das Leben im Göttlichen Willen begründet eine göttliche Heiligkeit, weil die Seele ihren menschlichen Willen Gott übergibt und sich auf den Göttlichen Willen einlässt. **Jesus:** «Oh, wie anders ist die Heiligkeit der Seele, die im Göttlichen Willen lebt und Ihn zu ihrer größten Leidenschaft macht!» Betrachten wir nun die Hauptmerkmale dieser göttlichen Heiligkeit.

1. «Die Seele, die diese Heiligkeit hat, steht fest und ist nicht den Umständen und absichtlichen Fehlern unterworfen. Sie achtet aufmerksam auf ihre Pflichten. Sie gibt sich Jesus hin, hat sich von allem gelöst und liebt nur das, was Jesus liebt. Sie widersetzt sich in keiner Weise dem, was Gott von ihr erwartet, Jesus ist alles für sie, der Urheber ihrer Seele und ihr Vorbild.

2. Sie nennt nichts ihr Eigen, da sie alles mit Jesus gemeinsam hat. Sie ist so sehr in Gott verborgen, dass die Erde wenig oder nichts von ihr sieht. Sie sagt zu Jesus oder dem Vater: «Wenn du willst, dass ich etwas tue, dann lass es uns gemeinsam wie eine einzige Person tun.»

3. Man kann sagen, dass diese Seele das Leben Jesu wiederholt, dass sie Seine Stimme, Sein Herzschlag, das Meer Seiner Gnaden ist. Sie erlangt einen göttlichen Adel, einen göttlichen Glanz und eine göttliche Heiligkeit, auch eine göttliche Macht und eine göttliche Schönheit.

4. Der Göttliche Wille hat diese Seele ganz in sich aufgenommen, sie ist das Nichts im *Alles*. Sie taucht in diese Unermesslichkeit ein, fliegt zu allem, belebt alles neu und liebt alles. Sie handelt

und liebt wie Jesus. Ausgehend von menschlichen Mitteln handelt sie mit göttlichen Mitteln.

5. Sie liebt keine Person im Besonderen, sondern liebt alle auf göttliche Art.

6. Für diejenigen, die im Göttlichen Willen leben, kommen die Tugenden aus der göttlichen Ordnung. Im gegenteiligen Fall entstammen sie der menschlichen Ordnung und sind dem Selbstwertgefühl, der Eitelkeit und den Leidenschaften unterworfen.

7. Diese Seele ist das Lächeln Jesu; sie ist voller Frieden und nicht der Angst unterworfen. Sie bereitet niemandem Kummer. Die gesunde Luft, die von ihr ausgeht, erfüllt alles mit Duft. Sie inspiriert Ordnung und Harmonie für alle.

8. Jesus bewahrt diese Seele sorgfältig, macht Sich in ihr zum Akteur und zum Betrachter in allem. Es gibt keinen Atemzug, keinen Gedanken und keinen Herzschlag dieser Seele, die nicht von Jesus geregelt wird. Diese Seele ist derart vom Göttlichen Willen in Anspruch genommen, dass sie darüber fast vergisst, dass sie noch im Exil lebt.

9. Sie wächst so stark, dass ihre Blüten und Früchte bis zum Himmel reichen.

10. Sie richtet eine ununterbrochene Flut von Danksagungen und Lobpreis an den Schöpfer und Vater, an den Sohn und Erlöser und an den heiligmachenden Geist.» (Vgl. Band 12, 14.08.1917)

– 2.6 –
BEISPIELE VON GEBETEN, DIE IM GÖTTLICHEN WILLEN GESPROCHEN WERDEN

Um die obenstehende Unterweisung besser zu verstehen, betrachten wir ihre Umsetzung in den folgenden Gebeten:

✝ Papa, Guter Gott, im Göttlichen Willen schmiege ich mich in Deine Arme, wo ich in die große Freiheit der Kinder Gottes eintrete, ich tauche ein in die Unermesslichkeit Deines Willens und erhebe mich in Deine strahlende Sonne, in das Feuer der vollkommenen Liebe, die alle Menschen, ihre Gedanken und ihr Tun erreicht. Mit Jesus und dem Heiligen Geist beten wir Dich an und tauchen in die unendliche Zärtlichkeit Deiner Liebe ein.

✝ **Luisa:** Höchste Majestät, Deine kleine Tochter kommt zu Dir auf Deinen väterlichen Schoß und bittet Dich, dass Dein *Fiat* und Dein Königreich allen bekannt werden. Ich bitte Dich um den Triumph Deines Willens, damit Er über alle herrscht und alle regiert. Nicht nur ich allein äußere diese Bitte, vielmehr sind Deine Werke und Dein Wille mit mir. Deshalb bitte ich Dich im Namen aller darum und flehe durch Dein *Fiat* zu Dir.» (Band 19, 13.09.1926)

✝ «Ich trete in das heilige Menschsein Jesu ein, das alle Taten umfasst. Ich lege mein «Ich bete Dich an, Jesus» in all Deine Herzschläge, Deine Atemzüge, Deine Gedanken, Deine Worte und Deine Schritte. Ich bete Dich an in den Predigten Deines öffentlichen Lebens, in Deinen Wundern, in den Sakramenten, die Du eingesetzt hast, und in den tiefsten Fasern Deines Herzens. Ich lobpreise Dich, Jesus, in Deinen Tränen, Deinen Schlägen, Deinen

Wunden, Deinen Dornen und in jedem Tropfen Blut, der das Licht freisetzte für das Leben aller Menschen. Ich lobpreise Dich in all Deinen Gebeten, in Deiner Sühne, in Deinem Opfer und in allen inneren Handlungen und in den Leiden, die Du bis zu Deinem letzten Atemzug am Kreuz erduldet hast.»

✝ Im Göttlichen Willen bedecke ich mich mit dem Kostbaren Blut Jesu, ich nehme die Verdienste aller Messen an, die heute gelesen werden, und im Namen der gesamten sündigen Menschheit bitte ich Dich um Vergebung! Vergebung! Für unseren Mangel an Liebe. Ich flehe die heiligen Engel an, alle Seelen auf die Patene zu legen, damit Jesus sie dem Vater aufopfert, auf dass ihnen vergeben wird und sie sich bekehren.

✝ «Herr, in Deinem Willen vereinige ich mich mit Deinem Geist, um heilige Gedanken in den Geschöpfen zu erwecken, mit Deinen Augen, um heilige Blicke in den Geschöpfen zu beleben, mit Deinem Mund, um in den Geschöpfen heilige Worte zu wecken. Ich vereine mich mit Deinem Herzen, mit Deinen Wünschen, mit Deinen Händen, mit Deinen Schritten, mit Deinen Herzschlägen, um heilige Taten bei den Geschöpfen zu wecken. Und da Du die schöpferische Macht besitzt, tut die mit Dir vereinte Seele alles, was auch Du tust. Amen. *Fiat.*»
(Vgl. Band 11, 12.06.1913)

Bildnachweis: Shutterstock_211229809

KAPITEL 3

Wie lebt man das Leben im Göttlichen Willen?

Jesus

«Ich komme als ein König,
der Seinen Willen gegen den euren austauscht.»
Wir wollen alle menschlichen Taten
mit Unserem Göttlichen Leben durchdringen.
Wir wollen uns nicht auf unseren Göttlichen
Kreis beschränken.»

(Band 36, 21.08.1938)

WESENTLICHE ELEMENTE
– Inhalt –

EINFÜHRUNG

Wir tragen einen göttlichen, ewigen Samen in uns. Wir wurden nicht erschaffen, um auf dem Boden zu kriechen. Die Seele muss lernen, sich für die Welt von oben zu öffnen, sich über die Materie zu erheben, um sich im Göttlichen Willen durchwirken zu lassen. Gemäß den Unterweisungen, die der Herr Luisa Piccarreta gab, kann man allgemein davon ausgehen, dass der Zugang zum Leben im Göttlichen Willen aus drei Hauptaktivitäten besteht:

I. Morgengebete

II. Tatsächliche Handlungen, die im göttlichen Willen geschehen

III. Die Schöpfungs-, Erlösungs- und Heiligungs-Rundgänge

Bevor wir diese Dimensionen des Weges untersuchen, müssen wir zunächst den Wunsch haben, im Göttlichen Willen zu leben und daher die entsprechenden Grundkenntnisse erlangen.

– 3.1 –
VORAUSSETZUNG: GRUNDKENNTNISSE ERWERBEN

Der Erwerb von Wissen über den Göttlichen Willen ist der Schlüssel, der die Tür zu diesem unfassbaren Geschenk öffnet, das zu einer echten Erneuerung der Person und der Welt führt.

- **Jesus sagte zu Luisa:** «Ohne die Kenntnis der Wahrheit über mein *Fiat* sind die Wege verschlossen, ist die Kommunikation unterbrochen, und Wir bleiben wie ein von den Geschöpfen entfernter Gott, auch wenn Wir in ihrem Innern sind und sie auch von außen umgeben. Doch sie bleiben fern von Uns. Niemand kann ein Gut besitzen ohne es zu kennen.» (Band 36, 12.08.1938)

- «Ich möchte, dass die Geschöpfe das Reich Meines Göttlichen Willens kennenlernen und das große Geschenk verstehen, das Er darstellt. Ich möchte, dass sie darum bitten und danach verlangen, dass Er herrscht, so dass Ich sagen kann: "Ihr habt Ihn gewollt, Ihn verdient und Er herrscht nun in eurer Mitte."» (Band 28, 26.02.1930)

- «In meiner Weitsicht sehe ich, dass diese Schriften für Meine Kirche wie eine neue Sonne sein werden, die in ihr aufgeht. Die Geschöpfe werden von ihrem strahlenden Licht angezogen, lassen sich darin verwandeln und werden geistliche und göttliche Wesen. Die Kirche wird erneuert und das Antlitz der Erde verwandelt.» (Band 16, 10.02.1924)

- **Die Dreifaltigkeit:** «Indem Wir sie kundtun, tun Wir nichts anderes, als neues göttliches Leben auszugießen, und wenn das Geschöpf dieses Leben besitzt, empfangen Wir von ihm unsere neue Liebe, eine neue Schönheit, eine neue Güte und so weiter.

Oh, wie sehr fühlen wir uns mittels unseres eigenen Lebens von dem Geschöpf verherrlicht und geliebt, dem Wir Uns offenbaren.» (Band. 35, 04.04.1938)

- «Alle, die sich diese Kenntnisse ganz oder teilweise angeeignet haben, empfangen den edlen Namen der Kinder Meines Reiches, weil diese Kenntnisse über Mein *Fiat* die Macht haben, das Geschöpf zu adeln, so dass die Lebenssäfte des göttlichen Lebens in der Seele kreisen und auch das Geschöpf zu seinem anfänglichen Ursprung erhoben wird.»

- Zu Beginn ist es gut, die Tugenden zu kennen, deren Anwendung die Seele vervollkommnet und ihr hilft, auf ihren menschlichen Willen zu verzichten.

VORBEDINGUNGEN

Der *Glaube* ermöglicht es, die Dinge klar zu erkennen und die Wahrheit zu entdecken (Band 4, 09.1.1903), während das *Vertrauen zu Gott* notwendig ist, um sich in den Göttlichen Willen zu erheben.

In einem hochmütigen Wesen kann der Göttliche Wille nicht herrschen. Hier folgen die drei Grundtugenden, die die Seele für die göttliche Vereinigung empfänglich machen.

✓ Die Hingabe macht aus dem Bitteren, was der Seele Unbehagen verursacht, etwas Angenehmes. Eine Seele, die sich hingibt, bewahrt die Ruhe und Unser Herr kann sich im Frieden in dieser Seele ausruhen.

✓ Die Demut erzeugt dieses Wissen um ein größeres Gut für sie und um eine bessere Weise, Gott zu verherrlichen, wenn sie Seinen Willen erfüllt.

✓ Der Gehorsam macht alles geistlich. Ohne Gehorsam unterliegen die Hingabe und die Demut der Instabilität, aber durch den Gehorsam werden sie gefestigt und beharrlich.

Jesus möchte, dass wir nicht nur demütig sind, sondern uns ständig der Wahrheit über unsere eigene *Nichtigkeit* bewusst sind. Denn im Göttlichen Willen löst sich die Seele in ihrer eigenen Nichtigkeit auf, weil wir nichts sind vor dem Schöpfer aller Dinge und dem einzigen Wesen, das aus sich selbst heraus besteht.

Jesus: «Die Seele stellt sich dann in ihr wahres Nichts, nicht in einer Haltung der Demut, in der sie immer noch etwas von sich selbst spürt, sondern als *Nichts*. Sie lässt sich auf das *Alles* ein, das Ich bin, und arbeitet mit Mir, in Mir und wie Ich. Sie ist vollkommen von sich selbst gelöst, sie hält sich weder bei ihren Verdiensten noch bei ihrem persönlichen Interesse auf. Vielmehr ist sie ganz darauf bedacht, Mich glücklich zu machen und überlässt Mir daher die absolute Herrschaft über alle ihre Taten, ohne wissen zu wollen, was ich daraus mache. Nur ein Gedanke beschäftigt sie: In Meinem Willen zu leben und zu Mir zu flehen, ihr diese Ehre zu gewähren.»

«Um dem Hochmut und der Unordnung in uns entgegenzuwirken, können wir uns bemühen, ***Maria nachzuahmen*** und Gott die Freiheit zu geben, das zu tun, was Er am liebsten tut – nämlich schenken, uns einen stetigen Strom göttlicher Dinge schenken, um uns mit seiner eigenen Heiligkeit so schnell zu heiligen, wie unsere Fähigkeit zunimmt, sie aufzunehmen.» (*Vivre et prier dans le Royaume de Divine Volonté – Leben und Beten im Reich des göttlichen Willens*, S. 79)

Außerdem sagte **Jesus zu Luisa**, «dass die wahre Tugend der *Nächstenliebe* allen anderen Tugenden Leben und Glanz verleiht, und dass diese anderen Tugenden ohne die Liebe tot sind, Seinen

Blick nicht anziehen und keine Macht über Sein Herz haben». **Er sagte zu Luisa**, «sie solle sich auch die kleinste Arbeit eingeben lassen und sie in Ihm, mit Ihm und für Ihn tun.» (Ebd. S.40)

– 3.2 – MIT DEN MORGENGEBETEN BEGINNEN

Jesus sagte zu Luisa: «Die Seelen, die in Meinem Willen leben, suchen nur zwei Dinge: Meine Liebe und Meinen Willen.» (Band 11, 15.03.1912)

Hier verwirklicht sich die Vereinigung und Verschmelzung der Willen besonders im Verbunden-Sein mit dem Herrn. Dies bedeutet, sein Leben zu verlieren, so dass nur noch Sein Wille unser Leben ist.

Das Ganze beginnt mit den Morgengebeten, die sich auf zwei Dimensionen konzentrieren, um Zugang zum neuen Leben im Göttlichen Willen zu bekommen:

Die Verschmelzung der Willen, das heißt der Austausch des menschlichen Willens gegen den Göttlichen Willen, damit dieser in uns herrscht.

Die liebende Vereinigung: In die Göttliche Liebe eintauchen und sich mit den Eigenschaften Jesu bekleiden.

Daher stellen wir am Morgen die wichtigsten, für diesen Tag vorgesehenen Aktivitäten in den Göttlichen Willen (das ist das «Im-Voraus-Handeln» oder das «Vorab-Handeln»). Vertiefen wir die Besonderheit dieser grundlegenden Dimensionen.

3.2.1 DIE VERSCHMELZUNG DER WILLEN

PRINZIPIEN

Der Herr wollte immer, dass wir in Seiner Göttlichen Bewegung und alle EINS in IHM sind. **Jesus:** «Wenn die Seele in Meinem Willen lebt, besitzt sie alles, was Mein Wille getan hat und tun wird, und sie liebt dann, wie Ich liebe... Kurz gesagt, Ich will, dass sie an allen Meinen vergangenen, gegenwärtigen und zukünftigen Dingen teilhat und so vollkommen in Meinem Willen lebt.» (Band 18, 06.12.1925)

ZIELE

Jesus: «Als Wir den Menschen erschufen, wollte Unser Höchster Wille, dass er in dem Unseren lebt. Jetzt muss der gefallene Mensch dem göttlichen Ideal vom Ursprung der Schöpfung wieder neu Gestalt geben.»

MITTEL

«Ich komme als ein König, der Seinen Willen gegen den euren austauscht.»

«Du musst Mich so fest mit deinem Inneren verbinden und alles neu auf den Göttlichen Willen ausrichten, dass dieser Wille vom Himmel auf die Erde herabkommt und dort bekannt wird und herrschen kann, wie Er im Himmel herrscht. Kümmere dich um nichts anderes.»

«Da sich der menschliche Wille gegen den Meinen gestellt hat, hat er alle Güter verloren. Ich will also seinen Willen haben und im Gegenzug will Ich ihm den Meinen geben, damit er alle diese Güter wiedererlangt.» (Band 19, 31.08.1926)

Konkret heißt das, dass wir Gott unseren Willen im Austausch gegen den Seinen übergeben, und dass Er uns dann in das Göttliche Wollen hineinnimmt.

GEBET

✝ «Herr, ich verzichte auf meinen Willen und stelle ihn in den Deinen, so dass Dein Wille mein Leben wird und ich all mein Tun heute in Ihm vollbringe.»

3.2.2 DIE VEREINIGUNG DER LIEBE: IN DIE DREIFALITIGE LIEBE EINTAUCHEN UND SICH MIT DEN EIGENSCHAFTEN JESU BEKLEIDEN

PRINZIPIEN

Der Herr möchte, dass wir Ihn in den Mittelpunkt unserer Seele stellen, dass wir unser Leben in Ihm verlieren, uns mit Seinem Leben erfüllen lassen und mit allem verbunden sind, was Er ist: Heiligkeit, Güte, Unendlichkeit, Ewigkeit…

Jesus: «Von allen Regungen, Gefühlen und Neigungen der Seele ist die Liebe die Einzige, die dem Geschöpf erlaubt, seinem Schöpfer zu entsprechen, wenn nicht wie mit Seinesgleichen, so doch wenigstens wie mit Ähnlichem… Die Liebe des Bräutigams oder vielmehr der Bräutigam, der die Liebe ist, bittet nur um Gegenliebe und um Treue. Es soll der Braut (der Seele) also erlaubt werden, im Gegenzug zu lieben. Wie könnte sie nicht lieben, da sie die Braut der Liebe ist? Wie könnte die Liebe nicht geliebt werden? Sie hat also recht, auf jede andere Zuneigung zu verzichten, um sich der

Liebe allein hinzugeben, da es ihr gegeben ist, auf die Liebe mit Gegenliebe zu antworten.»

Jesus bildet Sich gern in der Seele ab: «Er will mich befreien, mich mit Seiner Liebe erfüllen und mich auf den Weg führen. Er ist die Quelle, das Göttliche Feuer, aus dem Seine Liebe in mich strömt und meine schwache Flamme anfacht. In einer Gewinner-Gewinner-Beziehung will Er aus meinem Leben Sein Meisterwerk zu Seiner Ehre machen und mein ganzes Glück sein.» (Vgl. Nicole Boulanger)

ZIELE:

- Unser Ziel auf Erden ist es, ein Kind Gottes nach Seinem Ebenbild zu werden, gemäß unserer göttlichen Verfasstheit.

- Das Ziel unseres Lebens besteht darin, in einer ununterbrochenen liebevollen Beziehung zu Gott und in einer umfassenderen Gemeinschaft mit den anderen zu leben.

MITTEL

- Durch Luisa lädt er uns folgendermaßen ein: «Ziehe in Mich ein, verwandle dich in Mich und nimm dann in Mir, was du willst.» (Band 8, 09.02.1908)

- Indem wir uns mit dem Menschsein Jesu bedecken und in Ihm nehmen, was wir wollen: Seinen Geist, Sein Herz, Seine Eigenschaften...

- Indem wir unser Herz den Herzen Mariens und Jesu in der Atmosphäre der Liebe des Ewigen Vaters und des Heiligen Geistes weihen.

- Indem wir Ihm den ersten Platz in unserem Herzen geben und vermeiden, unseren Verstand zu sehr von Belanglosigkeiten vereinnahmen zu lassen, was auf Kosten Dessen ginge, der in uns wohnt.

- Indem wir zunehmend in einer innigen Vertrautheit mit der Heiligen Dreifaltigkeit leben und uns daran gewöhnen, Seine Göttliche Gegenwart durch Sein Licht und Seine Zärtlichkeit in uns zu spüren...

GEBETE

✝ Komm, Jesus, bedecke mich mit Deinem Menschsein und mit Deiner Heiligkeit, damit wir nur noch EINS sind und ich Dir auf diese Weise als ein neues Menschsein diene.

✝ Ich lege in Jesus alle meine Gedanken, Blicke Worte, Emotionen, Zuneigungen, Wünsche, Schritte, Werke, Gebete ab, damit Du sie durch die Deinen ersetzt und heilige Gedanken, Blicke, Worte, Emotionen in mir und den anderen weckst.

DIE AUFOPFERUNG UNSERES VORAB-HANDELNS

Definition – Jesus: «Das Vorab-Handeln geschieht, wenn die Seele zu Beginn des Tages ihren Willen an dem Meinen festmacht und bestätigt, dass sie nur in Meinem Willen leben und handeln will. Durch diesen Akt nimmt sie alle ihre Handlungen dieses Tages vorweg und stellt sie in Meinen Willen.» (Band 14, 27.05.1922)

Das Vorab-Handeln, das wir am Morgen aufopfern, sowie die gegenwärtigen oder täglichen Taten sind Katalysatoren dieses neuen Lebens in Ihm. «Beide Handlungen sind notwendig. Durch das

Vorab-Handeln kann man die Voraussetzung für die gegenwärtige Tat schaffen und sie vorbereiten: Die gegenwärtige Tat aber schützt und weitet die Geistesverfassung des Vorab-Handelns aus.» (Band 14, 27.05.1922) [Die gegenwärtigen Taten werden im Teil 3.3 beschrieben.]

MITTEL

Ich opfere meine für den heutigen Tag geplanten Aktivitäten auf, damit Seine GÖTTLICHE SONNE mein Handeln beherrscht: Gebete, Arbeit, Atemzüge, Gedanken, Wünsche, Gefühle, Schritte, Blicke... So lasse ich Ihm die volle Freiheit, in mir so zu handeln, wie es Ihm am besten gefällt.

GEBET

✝ «O mein Jesus, gib Dir die Ehre und präge allem, was ich heute tue, das Siegel Deiner Macht, Deiner Liebe und Deiner Herrlichkeit ein.» (Nach einem Gebet von Luisa)

Bildnachweis: AdobeStock_86036653

Der Anhang II (Seite 138) wurde erstellt, um eine beispielhafte und ausführliche Liste von Morgengebeten bereitzustellen, mit denen wir den Tag im Göttlichen Willen beginnen können. Für das Ganze braucht man etwa zwanzig Minuten innere Sammlung.

– 3.3 –
UNSERE DERZEITIGEN TATEN IN DEN GÖTTLICHEN WILLEN EINSCHMELZEN

Nach dem Morgengebet, das auf die Vereinigung unseres *Seins* mit Gott hinzielt, kommt nun die Aktualisierung des Göttlichen Willens auf der Ebene des Handelns, also in unseren aktuellen Taten.

PRINZIP

Wir empfangen alles von Gott, der die Bewegung, das Sein und das Leben ist. Unsere Existenz wird von einem unaufhörlichen Strom Seiner Liebe getragen. Daher geht er uns in unseren Gedanken und unserem Handeln voraus und respektiert dabei unsere Freiheit. Gott will in uns atmen, in uns sprechen, denken, gehen… und so unserem Handeln einen göttlichen Wert verleihen und sein Reich über uns und über der Welt errichten. Im göttlichen Willen leben bedeutet, diesen Geist der Einheit mit Ihm in jeder unserer täglichen Taten zu verkörpern. «Die Fülle ist überall und der gegenwärtige Augenblick ist die Tür, die zu ihr führt.»

ZIEL

Alles mit unserem König der Liebe tun: *«Ob ihr also esst oder trinkt oder etwas anderes tut: Tut alles zur Verherrlichung Gottes!»* (1 Kor 10,31)

PRAKTISCHE MITTEL

Ein wichtiges Zitat **Jesu**: «Im Göttlichen Willen leben ist etwas ganz Einfaches. Dafür braucht es nichts weiter, als den Göttlichen

Willen bei unserem Tun anzurufen und Ihm den ersten Platz einzuräumen.»

Jesus: «Wenn die Seele mit Mir verschmilzt und ihre üblichen Taten in Vereinigung mit Mir durchführt, fühle Ich Mich so zu ihr hingezogen, dass Ich alles, was sie tut, mit ihr mache und ihre Handlungen in göttliche Handlungen verwandle. Ich berücksichtige alles und belohne alles, auch die kleinsten Dinge. Keine Tat ihres Handelns mit gutem Willen bleibt unbelohnt.» (Band 12, 28.03.1917)

Bevor wir eine Handlung beginnen, sollten wir immer den Segen Gottes herabrufen, damit diese Handlung das Siegel der Göttlichkeit trägt und sich dieser Segen zur Ehre Gottes auf alle Geschöpfe erstreckt. Wichtig ist, sich selbst zu *vergessen*, damit man die Ehre hat, den göttlichen Willen in alles einzubeziehen.

ALLGEMEINE GEBETSFORMEL

Vor jeder täglichen (gegenwärtigen) Tat einfach sprechen:

«Du willst es, Jesus, also machen wir es gemeinsam...»
Oder
«Komm in diese Tat hinein, Göttlicher Wille...

Dabei bekennen wir Seine Tragweite für die vier folgenden kleinen Maßnahmen im Göttlichen *Fiat*. Wenn wir uns darin üben, kann alles natürlich werden.

1. **Die gegenwärtige Tat mit der göttlichen Quelle verbinden**
   Die Tat wird von der schöpferischen Kraft des Göttlichen Willens genährt.

Alles in Gott: Zunächst fragen wir Ihn, ob Er diese Tat annimmt. Wenn ja, rufen wir den Göttlichen Willen in unsere gegenwärtige Tat hinein, damit sie an der göttlichen Quelle entworfen wird.

Jesus: «Meine Tochter, damit ein Gebet, eine Tat, ein Gedanke, ein Gefühl, ein Wort usw. angenommen werden, müssen sie sich zu dem von Gott selbst gewollten Zweck erheben. Sobald das menschliche Handeln die göttliche Zweckbestimmtheit in sich trägt, wird dieses Handeln vollständig, heilig, vollkommen und geordnet. Damit macht sich das Geschöpf das Prinzip Seiner Schöpfung zu eigen und nimmt in seine Tat das Ziel hinein, für das es erschaffen wurde.» (Vgl. Band 29, 08.10.1931)

2. **Unsere Tat mit Jesus durchführen**

Die gegenseitige Liebe, die Alles zusammen mit Ihm vornimmt.

Jesus: «Gott und das Geschöpf geben sich die Hand, sie wollen und tun dasselbe, daher empfängt das Geschöpf in seiner Tat die Göttliche Weisung, das Göttliche Handeln, das Göttliche Leben und sogar den letzten Grund, warum Gott will, dass diese Tat geschieht...» «Wie schön ist es zu sehen, wie das Geschöpf sich Göttliche Gerichte zubereitet, indem er seine Taten in unserem *FIAT* vollbringt, und wie es sich mit den Lebensmitteln seiner himmlischen Heimat ernährt.» (Band 29, 08.06.1931)

3. **In Jesus die Wohltaten für alles und alle vermehren**

Alles für die anderen

✝ Jesus, vermehre die Wohltaten für die anderen zur Ehre des Vaters.

Jesus: «Der Wert des Handelns im Göttlichen Willen ist so unermesslich und hat eine solche Kraft, dass es in die Unermesslichkeit des ewigen *FIAT* hineinströmt: So wiederholen alle erschaffenen Dinge die Tat des Geschöpfes, und wenn du Mich liebst, Mich anbetest, Mich lobpreist und Mir dankst, sagen der Himmel, die Erde, die Sonne, der Wind, das Meer, die Flüsse, die Pflanzen und die Blumen alle im Chor: Wir lieben Dich, wir beten Dich an, wir beten zu Dir und so weiter. Es ist wie ein Echo, das in allem und in allen widerhallt, und durch seine Kraft nimmt Mein Wille eben diese Tat, die das Geschöpf in Meinem Willen vollbracht hat, in sich auf, kreist alle Dinge mit dieser Tat ein und unterzieht sie den Auswirkungen dieser im Göttlichen Willen vollbrachten Tat. Oh, was für eine glückliche Überraschung, was für ein wunderbares Entzücken zu sehen, wie eine Tat alles beherrscht und wie dieses kleine Atom alle dazu bringt, diese Tat zu wiederholen, und wie es sich so machtvoll auf Unser Wollen einlässt, damit Sein Schöpfer geliebt wird.» (Bd 31, 06.12.1932)

4. **Eine Rückkehr voller Liebe zu Gott**
   Die dankbare Liebe des Geschöpfes zu Gott. Alles zur Ehre Gottes.
   Jesus: «Wenn Wir Unser Leben in dem Tun des Geschöpfes gestalten, ist Unsere Befriedigung so groß, dass Wir Selbst von dieser Verwirklichung fasziniert sind... Wenn die Seele eine Tat im Göttlichen Willen vollbringt, stellt das in Unseren Augen den schönsten Ruhm dar, der uns am meisten verherrlicht, die Liebe, die Uns am intensivsten lobpreist, die Macht, die Uns ständig feiert.»

MITTEL

Dem Vater ein Zeichen geben, dass wir auch im Namen der Anderen Seine Liebe erwidern, Ihm dabei danken und Gott schenken, was Gott gehört. Dann fühlt er sich geehrt und verherrlicht durch das kleine Geschenk, das Er erhalten hat, und gibt uns weiterhin Gelegenheit, neue Taten zu vollbringen, um sein Geschöpf in seiner Nähe zu bewahren.

GEBET

✝ Im Göttlichen Willen verbinden wir uns mit allen Geschöpfen, um die Heilige Dreifaltigkeit für die Wohltaten zu lobpreisen, die in dieser Göttlichen Tat zu unserem Glück und zur Ehre des Ewigen Vaters vollbracht wird.

Bildliche Darstellung der vier Maßnahmen, damit wir das Geschenk des Göttlichen Willens in unseren aktuellen Taten erfahren[4]

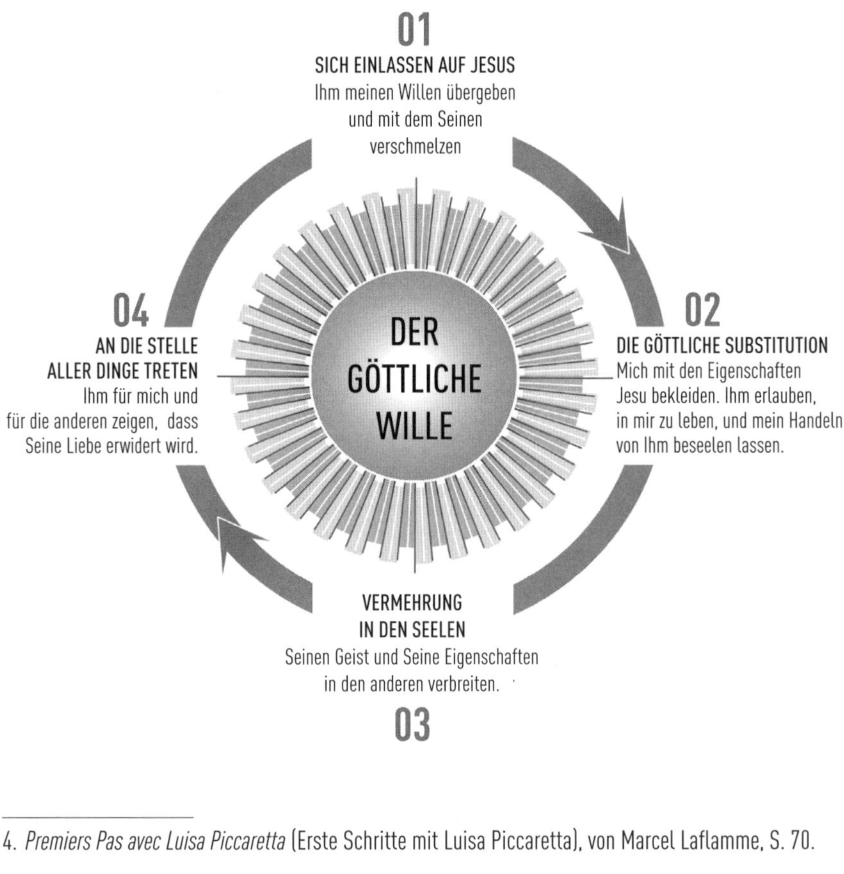

---

4. *Premiers Pas avec Luisa Piccaretta* (Erste Schritte mit Luisa Piccaretta), von Marcel Laflamme, S. 70.

ZEHN ERKLÄRUNGEN ZU DEN AKTUELLEN TATEN

1. **Umsetzung der Göttlichen Macht der Liebe**
   Jesus: «Höre, wie weit meine Liebe gehen kann: Wenn das Geschöpf sich selbst zur Verfügung stellt und Meinen Willen in sein Handeln hineinruft, wirkt mein Göttlicher Wille. Wenn Mein Wille wirkt, ruft Er seine Unendlichkeit, Sein Ewiges Leben, seine Macht herab, die sich auf alles legt, und seine Unermesslichkeit beflügelt alle und alles.» (Band 35, 31.10.1937)

   «Menschliches Tun ist Göttliche Natur verwandeln, stellt das größte Wunder dar, das Mein Wille vollbringen kann. Mein Wille besitzt die Liebe und schenkt die Liebe.» (Band 35, 30.01.1938)

   «Oh, wie sehr freuen Wir Uns darüber, in ihnen den Wind zu schaffen, der Liebe weht, und Meere, die flüstern "Ich liebe dich, ich liebe dich". Dann finden Wir alles in ihnen. Dann gibt es keinen Unterschied mehr zwischen Himmel und Erde. Für Uns werden sie dieselben sein, ob Wir sie bei Uns im Himmel oder bei Uns auf der Erde behalten.» (Band 35, 22.03.1938)

2. **Alles in Ihm und für Ihn tun**
   Jesus: «Ich möchte, dass du um Meinen Willen bittest in deinen Leiden, in den Lebensmitteln, die du isst, im Wasser, das du trinkst, in der Arbeit, die du verrichtest, in deinem Schlaf... Ich will, dass du deine Atemzüge und deine Herzschläge der Bitte weihst, dass Mein Wille kommen und herrschen möge. Auf diese Weise wird alles eine Gelegenheit für dich, um Meinen Willen zu bitten, auch mit der Sonne, die deine Augen füllt, auch mit dem Wind, der über dir weht, auch mit dem Himmel, der sich über deinem Kopf wölbt... Alles muss für dich eine Gelegenheit sein zu bitten, dass Mein Wille mitten unter den Geschöpfen herrscht.» (Band 35, 31.10.1937)

3. Unseren Geist nach seinem Vorbild gestalten, uns mit Seinem Menschsein bekleiden

«Schau, deine Gedanken in den Meinen, deine Herzschläge, die sich mit den Meinen vereinen, deine Augen und dein Wort in den Meinen, deine Arbeiten und deine Schritte in den Meinen werden ewig gesehen werden, weil der Wille, der Uns das Leben schenkt, einmalig ist, weil die Liebe einmalig ist, die Uns bewegt, Uns leitet und Uns unzertrennlich vereint.» (Band 19, 10.05.1926)

4. Wie wichtig ist die Wiederholung!

Jesus: «Durch die Wiederholung wächst die Liebe und der Genuss wird verdoppelt. Man schätzt mehr, was wiederholt wird, und man spürt das Leben einer Tat, die wiederholt wird. Wenn du deine Taten in Meinem Göttlichen Willen fortsetzt, geht das so weit, dass du das Leben des Göttlichen Willens in dir ausformst. Wenn du deine Taten wiederholst, bringst du dieses Leben zum Wachsen und nährst es. Meinst du, dass du Sein Leben in dir ausgeformt hättest, wenn du diese Taten nur ein paar Mal wiederholt hättest? Nein, meine Tochter. Du wärst dann höchstens in der Lage gewesen, Seine balsamische Luft, Seine Kraft, Sein Licht spüren zu können, aber Sein Leben hättest du nicht in dir ausformen können. Es braucht Taten, die nie aufhören, um sagen zu können: "Ich besitze das Leben des *Fiat*."» (Band 28, 16.07.1930)

5. Zeitweises Heraustreten aus dem Göttlichen Willen

Es ist wichtig zu beachten, dass in der Regel das Heraustreten aus dem Göttlichen Willen bei den Ihm geweihten Personen vorübergehend ist und aufgrund einer Unachtsamkeit oder eines gelegentlichen Versäumnisses geschieht, den Göttlichen Willen auf ihre Tat herabzurufen.

«Wenn diese Tat nicht in Unserem Willen beginnt, fehlen ihr die Ordnung, die Heiligkeit und die Schönheit, und sie kann nicht mit dem Siegel Unseres Willens als ein Akt gezeichnet werden, der Ihm gehört.» (Band 35, 28.03.1938)

Dies sind vorübergehende Wolken am sonnigen Himmel, der sich danach durch die Annahme des Göttlichen Willens in den anderen Taten wieder zeigt. Im Falle einer Todsünde oder ständiger Versäumnisse bei der Suche nach dem Leben im Göttlichen Willen ist es allerdings normal, dass die Person zu ihrem eigenen Willen zurückkehrt.

6. Die Leiden Jesu, wenn wir unserem eigenen Willen den Vorrang geben

Jesus: «Wenn du wüsstet, was der Verlust einer einzigen Tat in Meinem Willen bedeutet… Du verlierst eine göttliche Tat, diese Tat aber umfasst alles und jeden und enthält alles Gute im Himmel und auf Erden… Es ist in eurem Interesse, dem Tun Gottes nachzukommen, das nie unterbrochen wird.» (Band. 19, 28.02.1926). «Wenn Mein Wille die Liebe schenken will und diese Liebe nicht angenommen wird, fühle ich den Tod, der der Liebe zugefügt wird. Wenn Mein Wille Heiligkeit oder Gnade schenken will, fühlt Er, wie das Geschöpf die Heiligkeit und die Gnade tötet, die Er schenken will.» (Band 17, 01.12.1924)

7. Die Leihgabe: Jesus schenkt die Gabe zunächst als eine Leihgabe

Jesus: «Zuerst vergewissere Ich Mich, dass die Seele wirklich Meinen Willen und niemals ihren eigenen tun will, dass sie zu jedem Opfer bereit ist, um Meinen Willen zu tun, dass sie Mich bei allem, was sie tut, stets um diese Gabe bittet, und sei es nur als Leihgabe. Und wenn Ich sehe, dass sie nichts tun will, außer durch diese Leihgabe Meines Willens, schenke ich Ihn ihr als

Gabe. Denn wenn sie Ihn erbittet und immer wieder erbittet, hat sie in ihrer Seele den gewünschten Raum geschaffen, damit Mein Wille sich dort niederlassen kann...» (Band 18, 25.12.1925)

8. **Schrittweises Wachstum**
Das Leben im Göttlichen Willen ist ein Wachstumsprozess, der von der menschlichen Einstellung abhängt, die mit dem Ablegen des Egos und den folgenden Faktoren zusammenhängt: a) Mit unserem Wissen um seine Existenz und seinen Wert (vorbereitender Vertrag), b) mit der Intensität unseres Verlangens, c) mit der Aufmerksamkeit und der Treue bei der Aufopferung unseres Vorab-Handelns und unserer aktuellen Taten sowie der Gebets-Tourneen.

Doch grundsätzlich ist es Gott, der diese neue Heiligkeit allmählich in denen aufbaut, die Ihn in ihren Seelen herrschen lassen. Wir haben sieben göttliche Gaben festgestellt, die Sein Reich im unserem Inneren errichten: die Gabe der Weisheit, das Streben nach Ausgeglichenheit, die Tugend des Gebets, die Gabe der Liebe, die Gunst der untrennbaren Vereinigung mit Gott, das Geschenk, der Seele den Sieg über alle Dinge zu geben und die dauerhafte Gabe des Göttlichen Willens.

9. **Abschließende Unterzeichnung**
Jesus: «So gewöhnt sich die Seele daran, von dieser geliehenen göttlichen Nahrung zu leben und findet keinen Geschmack mehr an ihrem eigenen Willen. Allmählich veredelt sich ihr Gaumen und sie will nicht mehr zu der ekelerregenden Nahrung ihres Egos zurückkehren. Je mehr sie also dazu angespornt wird, nach dem göttlichen Willen zu verlangen und Ihn zu erbitten, desto mehr lädt sie den göttlichen Unterzeichner ein, Seine abschließende Unterschrift zur Bestätigung dieser unschätzbaren Gabe anzubringen.»

«Kurzum, man muss ganz bereit, treu und aufmerksam sein, die Gabe nicht verschwenden, sie hochschätzen und sie mehr lieben als das eigene Leben, damit sie den Vorrang vor allem anderen hat.» (Joie - Freude, S. 18)

10. Sechs Zeichen, dass Sie im Göttlichen Willen sind

(Nach den Schriften von Pater Thomas Celso)

A. Wenn Sie verstehen, was es heißt, im Göttlichen Willen zu leben. Sie machen dann einen Unterschied zwischen den Göttlichen Willen «tun» und im Göttlichen Willen «leben».

B. Wenn Sie dem Göttlichen Willen den Ehrenplatz in Ihrer Seele einräumen.

C. Wenn Sie nicht mehr ganz von Ihren äußeren Aufgaben mit Beschlag belegt sind, sondern den Göttlichen Willen in Ihrem Herzen immer gegenwärtig bewahren.

D. Wenn sich nach und nach Ihre Sichtweise ändert und Sie alles aus der Sicht Gottes betrachten. Sie setzen dem, was Gott in Ihnen, mit Ihrer Hilfe und durch Sie tun will, keine Grenzen.

E. Wenn Sie im Namen der gesamten Menschheit der Vergangenheit, der Gegenwart und der Zukunft beten.

F. Wenn Sie im Frieden, in der Freude des Herzens, im Loslassen aller Dinge und in ständiger Liebe leben.

✝ Herr, in Deinem Willen sende ich Dir mein «Ich liebe Dich» im Rhythmus meiner Herzschläge. Mein «Ich liebe Dich» soll alles einschließen, die ganze Menschheit umfassen, alles übersteigen, sich verbreiten und sich überall einprägen!

– 3.4 –
SCHÖPFUNGS-, ERLÖSUNGS- UND HEILIGUNGS-TOURNEEN VORNEHMEN

Schauen wir uns nacheinander jede dieser drei Arten von Tourneen oder Gebets-Rundgängen zur Heiligen Dreifaltigkeit an.

3.4.1
DIE SCHÖPFUNGS-TOURNEE ZU EHREN DES SCHÖPFERS UND VATERS

ZIELE

Wenn die Seele ihre Rundgänge in der Schöpfung zieht,

✓ stellt sie die Ehre und die Herrlichkeit der Schöpfung wieder her, die der Mensch entwürdigt hatte, indem er in seinem eigenen Willen lebt;

✓ erneuert sie in Gott «die ursprüngliche Schöpfungsordnung».

PRINZIPIEN

- **Jesus:** «Wenn man genau aufpassen wollte, würde man meine Stimme in den schlichtesten wie in den größten Dingen der Natur, in den unterschiedlichsten Wesen, in den ganz alltäglichen Situationen vernehmen. Es ist eine Frage des GLAUBENS, und diesen Glauben müsst ihr für eure Mitbrüder von Mir erbitten, die diese Gabe nie erhalten oder ihn verloren haben.»
- «Solange die Seele Unseren Willen als ihr wichtigstes Tun und ihr wichtigstes Leben beibehält, wächst sie in der Gnade, im Licht, in der Schönheit und bewahrt die Verbindung mit dem

ersten Schöpfungsakt. Von einer solchen Seele empfangen Wir die Ehre aller erschaffenen Dinge, weil diese Dinge unserem Willen dienen, der in dieser Seele wirkt und den einzigartigen Plan der ganzen Schöpfung darstellt.» (Band 18, 09.08.1925)

- «Gott hat Christus der Welt geschenkt, Er hat die ganze Schöpfung dem Menschen und das menschliche Geschöpf Christus geschenkt. Je mehr der Mensch durch seinen freien Willen mit dem Göttlichen Willen zusammenarbeitet, desto mehr vergöttlicht er sich mit der Schöpfung, die ihm unterworfen ist. Hier findet der Austausch von Eigenschaften zwischen Gott und der Schöpfung durch ein Wachstum und eine lebendige gegenseitige Durchdringung statt: Der Mensch wird von Gott vergöttlicht und die Schöpfung wird vom Menschen vergöttlicht.» (Iannuzzi, Dissertation, S. 438)

DIE ERSCHAFFENEN DINGE SIND SCHLEIER, DIE DEN GÖTTLICHEN WILLEN VERBERGEN

Auf der Erde wie im Himmel ordnet Sein Wille die Dinge zu Seiner größeren Ehre.

- **Jesus:** «Mein Wille verschleiert sich mit Licht und da Mein Wille sich mit Seinem Licht in der Sonne ausbreitet, streichelt er die Geschöpfe, umarmt, erwärmt und liebt Er sie.
- Mein Wille dehnt sich im Himmel aus und reißt gemäß der Zahl der Sterne, die es gibt, ganz weit die Augen auf, um die Geschöpfe zu betrachten. Das sanfte Schimmern der Sterne ist wie eine leise Stimme, die die Geschöpfe zur himmlischen Heimat ruft.
- Mein Wille projiziert sich in die Luft, füllt sie vollständig aus und wird so zur Atmung der Geschöpfe.
- Mein Wille eilt in allen erschaffenen Dingen auf die Geschöpfe zu, um ihnen so viele unterschiedliche Auswirkungen, Seine Liebe, Sein Leben und ihre Erhaltung zu schenken.»

GEBETE

✝ Heilige Dreifaltigkeit, ich tauche ein in Deinen Willen und singe meinen Refrain im Namen aller Geschöpfe «O Göttlicher Wille, ich liebe Dich, ich bete Dich an.»

✝ Im göttlichen *Fiat* übergibt Dir meine Seele alles. Ich dringe in den Himmel (Kosmos und unsichtbarer Himmel), in die Erde (was sie enthält) und das Meer (die Meerestiere und Flora) ein, und mit der Liebe, die Du bei ihrer Erschaffung hattest, überbringe ich Dir im Namen aller Geschöpfe aller Zeiten unsere Huldigung, unsere Anbetung, unseren Dank sowie Umarmungen und grenzenlose Freude.

✝ Ich möchte über die ganze Erde fliegen und mein «Ich liebe Dich» in jedes Blatt, in das Gras, in die kleinen Pflanzen, in alle Blumen und die höchsten Bäume einprägen und Dich so bitten, dass sich das Reich des *Fiat* überall ausbreiten möge. Ich möchte, dass alles existiert, um allen meine Stimme zu verleihen, damit alle sagen: «Dein Wille geschehe und herrsche wie im Himmel so auf Erden.»

✝ Mein Jesus, ich will mir die ganze Liebe zu eigen machen, die das Göttliche *Fiat* bei der Erschaffung des Himmels hatte. Ich lasse mich auf die unendliche Bewegung ein, die jedem Geschöpf das Leben schenkt. Ich möchte den ganzen Himmel mit unserer Liebe schmücken, ich möchte jedem Himmelskörper meine Stimme verleihen, damit er mit mir wiederholt: «Mein Schöpfer, ich liebe Dich und bete Dich an für Deine unendliche Güte!»

Jesus: «Welche Freude, welches Glück, das Geschöpf bei Uns zu haben, das Uns liebt und alles tut, was Wir tun wollen!»

3.4.2
DIE ERLÖSUNGS-TOURNEE ZU EHREN DES SOHNES UND ERLÖSERS

ZIELE:

- Unseren Herrn Jesus Christus verherrlichen, dass er die Geschichte der Menschheit durchlaufen hat.
- Sich an den Taten Seines Lebens beteiligen, so dass Er die Gesellschaft Seiner Kinder spürt.
- Die Werke seines Menschseins erneut vollziehen.
- Ihn mit Seiner Liebe im Göttlichen Willen lieben.
- So formt Er in uns Sein Leben.
- Mit Ihm prägen wir Seine Liebe überall ein.

PRINZIPIEN

Wir loben, preisen, verehren und lieben alle Taten des Lebens Jesu ab der Zeit seiner Empfängnis in Maria bis zu seiner Rückkehr in den Himmel. Genauso umschließen wir sein Familienleben mit Josef und Maria. Dazu gehören auch Seine Worte, Seine Schritte, Seine Arbeit, Seine Tränen, Sein Schmerz, Sein Lächeln, Seine Ruhe, Seine Gebete, Sein Leiden, die Hingabe Seines Lebens usw.

MITTEL

- Ich trete in Seine Fußstapfen, ich besiegle meine Liebe, Er bildet Sein Leben in mir aus, ich halte Fürbitte für die anderen.

- Insbesondere meditiere ich mit Hilfe des Buches *Die 24 Stunden der Passion* und lege den Balsam meiner «Ich liebe Dich» auf seine Leiden, was Ihn tröstet und womit ich Seine Gnaden an die Menschheit weitergeben kann. Es wird dringend empfohlen, jeden Tag wenigstens ein paar Seiten darin zu betrachten.

Die Ursache der Qualen bei Seinem Todeskampf

Jesus sagt zu Luisa: «Tochter, willst du wissen, was Mich mehr quält als die Peiniger selbst, und warum die Qualen dieser nichts sind im Vergleich zu dem, was Ich derzeit erleide? Es ist die Liebe, die Ewige Liebe: Da sie in allem die Oberhand haben will, verursacht sie Mir bis in meine tiefsten Fasern hinein alle Leiden gleichzeitig, die Meine Peiniger Mir bei meiner Person nach und nach zufügten. Seele, in Mir herrscht die Liebe vor, die Liebe ist ein Nagel für Mich, die Liebe ist eine Geißel für Mich, die Liebe ist eine Dornenkrone für Mich, die Liebe ist alles für Mich, die Liebe ist Meine Ewige Passion, wohingegen das Leiden in Meinem Menschsein vorübergehend ist. Ach, Mein Kind, komm in Mein Herz, geh in Meiner Liebe verloren! Nur in Meiner Liebe kannst du verstehen, wie sehr Ich für dich leide und wie sehr Ich dich liebe. So lernst du, Mich zu lieben und aus Liebe zu leiden.»

Die Haltung Jesu bei der Dornenkrönung

Jesus sagt zu Luisa: «Mein Kind, nur Mut! Lass nichts von Meinem Leiden verloren gehen, achte aufmerksam auf Meine Unterweisung. Ich muss den Menschen in allen Dingen neu gestalten. Seine Fehler haben Schande und Verwirrung über ihn gebracht, so dass er nicht vor Meiner Majestät erscheinen kann. Sie haben ihn entehrt, indem sie ihn um jedes Recht auf Ehre und Ruhm gebracht haben. Ich möchte mit Dornen gekrönt werden, um ihm seine Krone wieder auf die Stirn setzen zu können und ihm so alle seine Rechte, seine Ehre und seinen Ruhm zurückzugeben. Vor Meinem Vater werden Meine Dornen seine zahllosen Sünden wiedergutmachen, die er in Gedanken und aus Hochmut begangen hat.»

Die Haltung Jesu angesichts des heiligen Kreuzes

Jesus: «Anbetungswürdiges Kreuz, endlich umarme Ich dich. Du bist der glühende Wunsch Meines Herzens, der Märtyrer Meiner Liebe. Du hast bis jetzt auf dich warten lassen, wohingegen Meine

Schritte immer auf dich zuführten. Heiliges Kreuz, du bist das Ziel Meiner Existenz hier auf Erden. In dir konzentriere Ich Mein ganzes Sein, in dich lege Ich all Meine Kinder. Du wirst ihr Leben, ihr Licht, ihre Verteidigung, ihr Beschützer und ihre Stärke sein. Du wirst ihnen in allen Dingen beistehen und sie glorreich zu Mir in den Himmel führen.»

«O Kreuz, Sitz der Weisheit, du allein lehrst wahre Heiligkeit, du allein bildest Helden, Sportler, Märtyrer und Heilige aus. Schönes Kreuz, du bist Mein Thron. Ich muss diese Erde verlassen, doch du wirst immer Mein sein. Ich gebe dir alle Seelen als Mitgift: Beschütze sie, rette sie, Ich vertraue sie dir an.»

Jesus sagt zu Luisa: «Es gibt verschiedene, mehr oder weniger glorreiche Wohnungen im Himmel, und die Schlösser werden je nach dem größeren oder kleineren Grad des Leidens zugeteilt, das die Seelen ertragen haben. Wer an der Oberfläche des Kreuzes stehen bleibt, empfindet Bitterkeit und Ekel davor. Wer aber über die dornige Oberfläche hinaus darin eindringt, findet Freude und das Kreuz macht ihn sogar glücklich.»

GEBETE

Luisa: «Oh Herr, für all die Blutstropfen und Tränen, die du vergossen hast, für all die Dornen, unter denen Du gelitten hast, für all die Wunden, die Du in Deinem Göttlichen Willen empfangen hast, möchte ich Dich so sehr lobpreisen, wie alle Geschöpfe es hätten tun sollen, wenn es die Sünde des Hochmuts nicht gegeben hätte. Ich möchte Dich auch für alle Geschöpfe um alle Gnaden bitten, die für die Vernichtung der Sünde des Hochmutes notwendig sind.»
«Oh Jesus, drücke mich mit Deinen unendlich heiligen Händen an Dein Herz, präge allen Teilen meines Wesens Dein «Ich segne Dich» ein, damit nichts anderes aus mir herauskommt als ein

ununterbrochenes Liebeslied an Dich. Ich übergebe mich Dir und will Dir in allem folgen. In Dir lasse ich meine Gedanken, damit sie Dich vor Deinen Feinden verteidigen. In Dir lasse ich meinen Atem, damit er Dir als Prozession dient und Dir Gesellschaft leistet. In Dir lasse ich meinen Herzschlag, damit er Dir unablässig «Ich liebe Dich» sagt und Dich für die Liebe entschädigt, die andere Geschöpfe Dir nicht schenken. In Dir lasse ich meine Blutstropfen als Sühneopfer, um Dir die Ehre und die Hochachtung wiederzugeben, die Deine Feinde Dir vorenthalten. Und schließlich lasse ich in Dir mein ganzes Wesen, um Dich zu schützen.» *(Die 24 Stunden der Passion)*

Meditation über die 24 Stunden der Passion
Zeittafel[5]

1	17-18 Uhr	Jesus verabschiedet sich von seiner Mutter
2	18-19 Uhr	Jesus verlässt seine Mutter und geht in den Abendmahlssaal
3	19-20 Uhr	Rituelles Abendmahl
4	20-21 Uhr	Fußwaschung, eucharistisches Abendmahl
5	21-22 Uhr	Erste Stunde des Todeskampfes im Garten
6	22-23 Uhr	Zweite Stunde des Todeskampfes
7	23-24 Uhr	Dritte Stunde des Todeskampfes
8	24-1 Uhr	Verhaftung Jesu im Ölgarten
9	1-2 Uhr	Jesus wird in den Bach Kidron geworfen
10	2-3 Uhr	Jesus wird vor Hannas gebracht
11	3-4 Uhr	Bei Kajaphas wird Jesus von falschen Zeugen angeklagt
12	4-5 Uhr	Jesus ist bei den Soldaten
13	5-6 Uhr	Jesus ist im Gefängnis
14	6-7 Uhr	Jesus wird wieder zu Kajaphas und dann zu Pilatus gebracht
15	7-8 Uhr	Jesus steht vor Pilatus und dann vor Herodes
16	8-9 Uhr	Barabbas wird Jesus vorgezogen; Geißelung
17	9-10 Uhr	Dornenkrönung; Verurteilung zum Tod
18	10-11 Uhr	Jesus wird das Kreuz aufgeladen und zum Kalvarienberg geführt, er wird seiner Kleider beraubt
19	11-12 Uhr	Kreuzigung
20	12-13 Uhr	Erste Stunde des Todeskampfes am Kreuz
21	13-14 Uhr	Zweite Stunde
22	14-15 Uhr	Dritte Stunde des Todeskampfes am Kreuz
23	15-16 Uhr	Jesus wird von der Lanze durchbohrt und vom Kreuz abgenommen
24	16-17 Uhr	Begräbnis Jesu

5. *Premiers Pas avec Luisa Piccaretta (Erste Schritte mit Luisa Piccaretta)*, Marcel Laflamme, Christian-Verlag & Parvis-Verlag, S. 108

3.4.3 DER HEILIGUNGS-RUNDGANG ZU EHREN DES HEILIGEN GEISTES

Der Heilige Geist hat in der gesamten Menschheitsgeschichte eine wichtige Rolle gespielt, insbesondere seit 2000 Jahren in der Kirche und ihren Mitgliedern. Jesus: *«Der Beistand aber, der Heilige Geist, den der Vater in meinem Namen senden wird, der wird euch alles lehren und euch an alles erinnern, was ich euch gesagt habe»* (Joh 14,26).

Der Heilige Geist bewirkt in unserem Gewissen (unserem inneren Tempel) die göttlichen Tugenden (die Gabe des Glaubens, der Hoffnung und der Nächstenliebe), die Liebe zum Gebet, die Charismen, die sieben Gaben und die zwölf Früchte des Heiligen Geistes, das lebendige Wort, die Berufungen und die Sendungen, die Vorbilder der Heiligkeit, den Schutz der Kirche, die Botschaften und Zeichen...

DIE EINBETTUNG DES DRITTEN *FIAT*

Der Heilige Geist steht besonders mit dem kommenden dritten *Fiat* in Verbindung. Mit dem Evangelium vom Himmelreich des Göttlichen Willens ist die neue Zeit bereits angebrochen. In diesem neuen Zeitalter wird Er den Geschöpfen so viele Gnaden gewähren, dass sie fast zu ihrem ursprünglichen Zustand zurückkehren. **Jesus**: «Erst wenn Ich den Menschen so sehe, wie er aus Mir hervorgegangen ist, wird Mein Werk vollendet sein.» (Band 12, 22.02.1921)

DIE TOURNEE DER INTENSIVEN OFFENBARUNG DES HEILIGEN GEISTES ZUR VORBEREITUNG AUF DAS HIMMELREICH

Der Heilige Geist bereitet die heiligen Seelen durch eine Intensivierung der Gnaden vor, deren Höhepunkt das Reich Gottes auf Erden ist. Wir loben den Heiligen Geist für:

- ✓ die modernen Mystiker und Riesen der Heiligkeit, die die Vorläufer des Neuen Zeitalters sind: die heilige Therese von Lisieux, der heilige Padre Pio, die heilige Mutter Teresa usw.
- ✓ die Marienerscheinungen, die von der Kirche anerkannt wurden: La Salette (Frankreich 1846), Lourdes (Frankreich, 25. März 1858), Fatima (Portugal, 13. Oktober 1917), Beauraing (Belgien 1932) usw.
- ✓ die Boten des Himmels, die die prophetische Bewegung festigen: Mutter Eugenia Ravasio aus Italien; Don Gobbi und Msgr. Don Ottavio Michelini aus Italien; Léandre Lachance und Sulema aus Kanada und zahlreiche andere wie Maria Valtorta, Vassula Ryden, Luisa Piccarreta usw.
- ✓ die Zunahme der Gebetsgruppen und der Austauschgruppen, die kleine leuchtende Feuer darstellen, die die Erde unserer säkularisierten Welt umgeben.

✝

Oh Göttlicher Wille,
ich liebe Dich,
ich bete Dich an!

GEBETE ZUR HEILIGUNG

im Göttlichen *Fiat*

✝ Herr, im Namen aller richten wir einen ununterbrochenen Strom von «Ich liebe Dich und bete Dich an» an Dich, für alle Werke des Heiligen Geistes in unseren Herzen und in der Kirche: Sakramente, Gaben, Gnaden.

✝ Danke, Heiliger Geist, für den Empfang der verschiedenen Sakramente: Taufe, Firmung, Buße, Eucharistie, Priesterweihe, Ehe und das Sakrament der Krankensalbung.

✝ Vergib uns, Herr, und erbarme dich unser wegen der Schuld, die die Geschöpfe bezüglich des Missbrauchs der sieben Sakramente auf sich laden.

✝ Luisa: «Heiliger Geist, ich möchte in mir so viel Liebe haben, dass ich den Mangel an Liebe aller vergangenen, gegenwärtigen und zukünftigen Generationen wettmachen kann.»

✝ Danke, Heiliger Geist, Du aktueller Vorläufer der Endzeit, dass Du ein zweites Pfingsten im Hinblick auf die große Reue und die Erneuerung der Welt vorbereitest.

✝ Heiliger Geist, bitte belebe die Feiern, die Freuden und Vergnügungen zwischen Dir und Deinen Geschöpfen durch das baldige Kommen des Reiches Deines Willens.

✝ Herr Jesus, wie Du es in Deinem nichtöffentlichen Leben auf Erden getan hast, heiligen wir die guten Taten eines jeden Menschen, leisten Wiedergutmachung für die schlechten Taten und ergänzen die nur menschlich vollbrachten Taten, damit Du sie zur Ehre des Ewigen Vaters aufopferst.

✝ Oh Jesus, oh Maria, ich liebe Euch im Göttlichen Willen. Rettet die Seelen der Priester, rettet die Seelen. Darum bitten wir Euch demütig. Und erlaubt uns, diesen Liebesakt TAUSENDMAL zu wiederholen. Für immer sei Gott Vater, Gott Sohn und Gott Heiliger Geist Ruhm und Lobpreis, Liebe und Dank in alle Ewigkeit. Amen. (Justine Klotz)

Jesus sagt zu Luisa
(Unterweisung über das Gebet)

«Meine geliebte Tochter, du musst wissen, dass eine Seele, die unablässig betet, um eine Wohltat zu bekommen, die Fähigkeit erlangt, diese Wohltat zu besitzen, und da sie sie besitzt, hat sie auch die Macht, anderen zu ermöglichen, sie zu besitzen.

Beten ist wie Geld ausgeben um etwas Gutes zu kaufen, das man sich wünscht. Das Gebet bringt die Achtung, die Wertschätzung und die Liebe hervor, die man braucht, um zu besitzen. Das Gebet schafft die Leere in der Seele, in der sie das Gute enthalten kann, das sie sich wünscht. Andernfalls hat sie keinen Ort, wo sie dieses Gute aufbewahren kann, das Ich ihr geben will.

Darüber hinaus kannst du Mir keine größere Ehre erweisen, als wenn du darum bittest, dass Mein Wille bekannt wird und herrscht. Dies ist Mein eigenes Gebet. Dies ist das Verlangen Meines Herzens, Mein glühender Wunsch.»

(*Vivre et prier dans le Royaume... – Leben und Beten im Himmelreich...* S. 125)

KAPITEL 4

Der Nutzen des Lebens im Göttlichen Willen

Jesus

«Ich will, dass die Auswirkungen Meines Göttlichen Willens
und Seine Vorteile bekannt werden.
Die vollständige Herrlichkeit Meiner Schöpfung
und die endgültige und abschließende Vollendung der Erlösung
hängen davon ab.»

(Band 14, 15.09.1922)

WESENTLICHE ELEMENTE
– Inhalt –

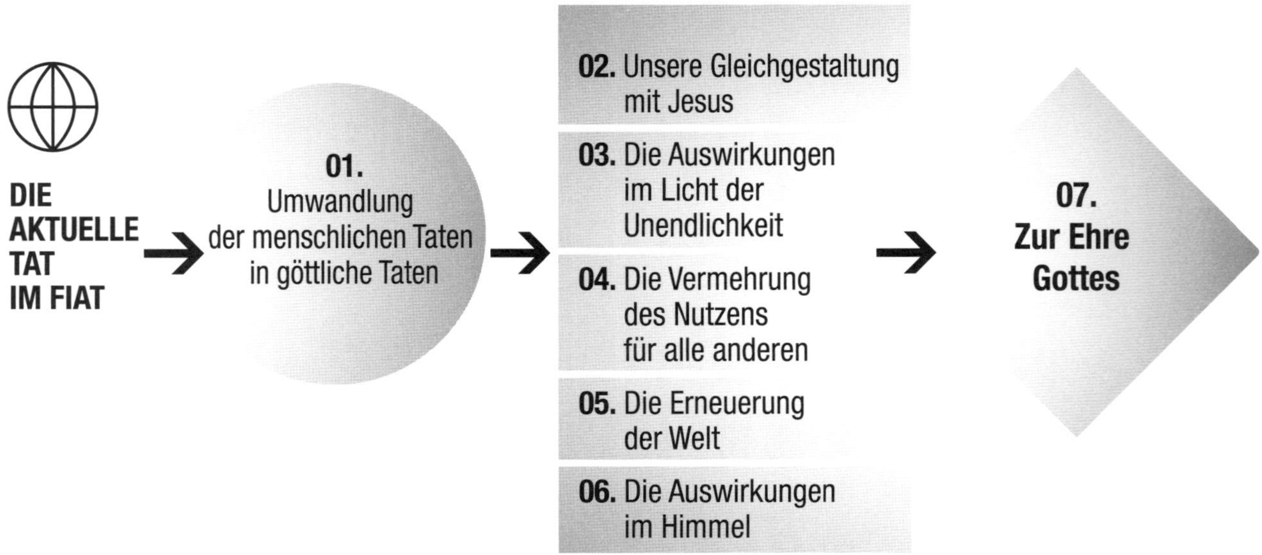

Das obenstehende Schema legt die Ergebnisse der Taten dar, die im Göttlichen Willen vollbracht werden. Man kann sieben Arten von Früchten oder Vorteilen berücksichtigen, die durch die Einbeziehung des Göttlichen Willens in unser Wirken hervorgebracht werden. Betrachten wir im Einzelnen jede Kategorie dieser Göttlichen Wohltaten.

– 4.1 –
DIE UMWANDLUNG DER MENSCHLICHEN TATEN IN GÖTTLICHE TATEN

Eine Tat, die im Göttlichen Willen vollbracht wird, ist größer als der Himmel und die Erde. Es ist eine göttliche Tat, weil das Geschöpf dem Göttlichen Willen erlaubt, sich frei in ihm zu erfüllen. **Jesus sagt:** «Das sind die Freuden der Schöpfung – die Feste Meiner schöpferischen Tugend: In der Lage sein, mein Leben herausbilden bei jeder Tat, die das Geschöpf vollbringt. Rufe Mich also immer in deine Taten hinein, lass Mich nie beiseite, dann werde Ich immer Neues in dir tun – zum Erstaunen aller Völker. Erst wenn Ich Himmel und Erde mit vielen dieser neuen Formen meines Lebens erfüllt habe, erlange Ich die Rückkehr und die Ehre der gesamten Schöpfung.» (Band 35, 30.01.1938)

Die Heilige Dreifaltigkeit: «Sobald Wir sehen, dass ein Geschöpf im Begriff ist, eine Handlung vorzunehmen, stehen Wir bereit und werden zu Akteuren und Zuschauern Unseres eigenen Lebens. Welche Freude! Welch ein Glück, Meine Tochter, Uns selbst ausbilden zu können, jemanden zu haben, der Uns kennt und Uns liebt, und unseren Königspalast in der Schöpfung zu besitzen!» (Band 36, 05.12.1938)

Jesus: «Wenn die Seele sich auf Unseren Willen einlässt, findet sie das, was ihr bereits gehört, und Wir wollen, dass sie es annimmt. Daher finden die menschlichen Handlungen unsere Göttlichen Handlungen, die Wir für sie bestimmt haben. Sie lancieren sich selbst, sie verwandeln sich, indem sie sich in unsere göttlichen Handlungen einschließen, die sie bereits besitzen.»

«Höre, wie weit meine Liebe gehen kann: indem sie in der Seele wirkt, ruft Mein Wille ihre Unendlichkeit, ihr ewiges Leben, ihre Macht, die sich allem aufdrängt, ihre Unermesslichkeit, die alles und jedes mobilisiert.» (Band 35, 31.10.1937)

«Die menschliche Vernunft ist in der Unseren aufgelöst, in die Unsere eingefügt, von der Unseren besetzt, mit großer Ehre für sie selbst und großer Herrlichkeit für Uns, die wir dem Geschöpf geschenkt werden.» (Band 36, 06.11.1938)

«Vom Licht des Ewigen Willens durchdrungen verlieren deine Handlungen ihre Endlichkeit, ihre menschliche Erscheinung, und nehmen die unendliche, göttliche Substanz an. Und indem der Ewige Wille sowohl das Wirken Gottes als auch das der Seele umwandelt, macht Er sie eins.» «Die Seele, die in Meinem Willen lebt, dient Mir als Menschsein, Ich lebe in ihr, Ich teile ihr meine göttlichen Eigenschaften mit und sie vollbringt vollkommene und vollständige Taten.» Nur in Seinem Willen sind jene Handlungen voll göttlichen Lebens, die nicht dem Ende unterworfen sind, und dann können sie allen und jedem Leben (Licht, Liebe, Heiligkeit, Rat ...) schenken.

Jesus: «Jede eurer Handlungen, die in Meinem Willen geschieht, nimmt das Bild einer höchsten Qualität an. Seht ihr, wie schön sie sind. Manche tragen das Bild Meiner Weisheit in sich, manche das der Güte, manche das der Liebe, manche das der Stärke, manche das der Schönheit, manche das der Barmherzigkeit, manche das der Unveränderlichkeit und manche das der Ordnung. Jede eurer Handlungen nimmt ein anderes Bild an, aber sie ähneln einander. Sie sind aufeinander abgestimmt, sie unterstützen einander und bilden eine einzige Tat.» (Band 19, 22.08.1926)

Jesus möchte, dass wir all das Gute in Seinem Leben spüren. Der göttliche Wille wirkt in unserem Handeln...

– 4.2 –
DIE GLEICHGESTALTUNG MIT JESUS

In Seinem Willen gehen wir von der menschlichen Lebensordnung zur göttlichen Lebensordnung über. Der Herr setzt die Ausformung seines Lebens in jeder unserer Handlungen fort, die wir in Seinem Willen vornehmen, und lässt uns Seinen Frieden und Seine Freude kosten. Wir erhalten unsere göttliche Fassung, denn Jesus prägt Seine eigene Form allem ein, was die Seele tut. Im Gegenzug versorgt die Seele Ihn mit dem Echo Seiner Liebe, Seiner Weisheit und Seiner Macht. Indem Gott Seinen Willen in unseren Handlungen geschehen lässt, verwirklicht Er Seinen großen Plan für das Geschöpf und lässt es an der Erneuerung der Schöpfung teilhaben.

Jesus: «Wenn immer sich die Seele erhebt, um in diesen Ewigen Willen einzutauchen, erwirbt sie neue Spielarten der Göttlichen Schönheit... Sobald sie in Meinen Willen eintaucht, restauriere Ich sie mit dem Pinsel des göttlichen Willens in der Hand, und präge ihr eine zusätzliche Nuance Meiner Schönheit, Meiner Liebe, Meiner Heiligkeit und all Meiner göttlichen Eigenschaften ein... Ich selbst bin manchmal wie ein wackerer Maler, der Mein Bild in ihr malt, manchmal wie ein Meister, der ihr die höchsten und erhabensten Lehren vermittelt, manchmal wie ein leidenschaftlicher Liebhaber, der Liebe gibt und will!» (Band 16, 13.05.1924)

«Unsere väterliche Güte bringt den Geschöpfen so viel Liebe entgegen, dass sie das Gleichgewicht in dem Menschen herstellt, der in Unserem Willen lebt. Da der Mensch aus dem Höchsten Willen hervorging, war es richtig, dass dieser Wille zum Leben und zur Ausgeglichenheit all dessen wird, was den Menschen betrifft, und ihn seinem Schöpfer gleich gestaltet. Große Würde, große Majestät und große Ordnung sollten sein Vorrecht sein, so dass er seinem Schöpfer ähnelt.» (Band 17, 11.06.1925)

«Wie schön ist es, wenn Wir Uns in dem Geschöpf wiedererkennen! So wird es für Uns zu unserem Thron, unserem göttlichen Raum, unserem Himmel. Die Meere unserer Liebe überfluten das Geschöpf. Seine kleinen Taten bilden Wellen der Liebe, die Uns lieben, Uns verherrlichen und Uns lobpreisen. Es erkennt sich selbst in Uns, Wir erkennen Uns in ihm und es erkennt Uns in allen erschaffenen Dingen. Und Wir erkennen es in all unseren Werken: im Himmel, in der Sonne, im Wind, in allem. Unsere mit unserem *Fiat* vereinte Liebe nimmt das Geschöpf überall hin mit, und Wir stellen es folglich mitten in unsere Werke.» (Band 35, 26.02.1938)

Luisa sagt zu Jesus: «Mein Jesus, ich möchte so sein wie Du, ganz Liebe und nichts anderes.» Und **Jesus antwortet** ihr: «Das ist genau Mein Ziel für dich. Wenn die Seele in Meinem Willen lebt, erwirbt sie die ganz vollkommene Liebe. Es gelingt ihr, Mich mit Meiner eigenen Liebe zu lieben. Sie wird ganz Liebe; sie ist in ständigem Kontakt mit Mir. In Mir, mit Mir und durch Mich tut sie alles, was Ich will. Sie verlangt nach nichts anderem als nach Meinem Willen, in dem sich die ganze Liebe des Ewigen befindet und in dem auch sie sich befindet.» (Band 7, 06.11.1906)

«Mein Wille entleert die Seele von allem, was menschlich ist, und das Geschöpf wird schlicht in seinem Verhalten, schlicht in allem. Die Einfachheit kennzeichnet die Herrschaft Meines Willens auf Erden.» (Band 27, 06.11.1929)

«Wer in Meinem Willen lebt, verliert sein Temperament und nimmt das Meine an. Folglich hat die Seele, die Meinen Willen tut, ein angenehmes, anziehendes, durchdringendes, würdevolles und im Allgemeinen schlichtes, ein kindlich einfaches Temperament. Mit einem Wort, sie ähnelt Mir in jeder Hinsicht.» (Band 11, 24.02.1912)

«So verliert die Seele fast den Glauben und die Hoffnung, denn wenn sie in Meinem Willen lebt, braucht sie den GLAUBEN nicht mehr, da sie sozusagen in Gott eingetaucht ist, Sie braucht die Hoffnung nicht mehr, da sie bereits das Ziel dieser Tugend erreicht hat. Der Besitz des Göttlichen Willens ist für die Seele das Siegel ihrer Vorherbestimmung für den Himmel und der Sicherheit, dass sie Gott besitzt. Hast du verstanden? Bedenke dies gründlich!» (Band 7, 06.11.1906)

Luisa: «Wille Gottes, wie bewundernswert Du bist, sogar begehrenswerter als mein Leben! Dein Reich ist das Reich des Lichts, und es hat die Macht, mich von allem zu befreien, was im Gegensatz zu diesem Licht steht. Es ist das Reich der Heiligkeit und es verwandelt mich nicht in die Heiligkeit der Heiligen, sondern in die Heiligkeit meines Schöpfers. Es ist ein Königreich, das Bitterkeit, Sorgen und Ärger vertreibt.» (Band 23, 30.10.1927)

– 4.3 –
AUSWIRKUNGEN DER ERGEBNISSE IM LICHT DER UNENDLICHKEIT

Die Seele, die im Licht des göttlichen *Fiat* wirkt, vereint sich mit der einmaligen Tat ihres Schöpfers, und ihr Wirken vollzieht sich in der Atmosphäre des Lichts der Unendlichkeit und der Ewigkeit. **Jesus:** «Wenn jemand in Meinem Willen lebt, besitzt er die Quelle der Einheit, das Licht Meines Willens und alle damit verbundenen Auswirkungen. Bei jeder Tat dieses Geschöpfes entsteht Licht, Liebe, Anbetung. Und indem diese Taten Handlung um Handlung, Liebe um jede Liebe entstehen, durchdringen diese Taten alles, bringen alles in Einklang, vereinen alles in dem Geschöpf wie es das Licht der Sonne täte. Wie ein heller Strahl gibt dann das Menschengeschöpf seinem Schöpfer die Gegenleistung für all das zurück, was Er für jedes Geschöpf getan hat. Das Menschengeschöpf wird zur wahren Note, die den Akkord zwischen Himmel und Erde bildet.» (Band 19, 31.05.1926)

«Eine Tat, die in Unserem Willen vollzogen wird, bildet einen hell leuchtenden Silbermantel innerhalb und außerhalb des Geschöpfes. Eine solche Tat bringt das so großartig geschmückte Geschöpf vor unsere anbetungswürdige Majestät, damit Unser eigener Wille mit einer Stimme des Lichts zu Uns betet, einer Stimme der Liebe, die für alle spricht.» (Band 36, 26.11.1938)

«Die Handlung im Göttlichen Willen erzeugt einen lieblichen Zauber für die Pupillen Unserer Göttlichen Augen, sie zeigt Uns alle Geschöpfe mit Unserem göttlichen Licht bekleidet. Und Wir preisen die Macht des Lichtes unseres *Fiat*, das die menschliche Armut verbergen kann, indem es sie in Licht verwandelt. Es gibt nichts, was Wir einer solchen Handlung verweigern können, denn sie hat die Macht, Uns alles zu geben und alles wettzumachen.» (Band 36, 26.11.1938)

«Tochter Meines Willens, alle auch noch so kleinen Dinge, die das Geschöpf verwirklicht und dabei Meinen Willen als Prinzip und Leben beibehält, enthalten göttliches Leben. Deshalb kann man im unendlichen Meer Meines Willens und Meiner Liebe viele Menschen mit ihrem kleinen Leben der Liebe und des Lichts schwimmen und treiben sehen, die ihren Platz in Unserem Meer eingenommen haben. Oh, wie sehr fühlen Wir uns entschädigt, wenn Wir bedenken, dass das, was das Geschöpf Uns durch seine kleine Liebe gegeben hat, das Leben in Liebe ist, und dass das, was es Uns durch seine Taten in Unserem Willen gegeben hat, das Leben im Licht ist.» (Band 35, 18.12.1937)

«Du sollst wissen, dass dieses göttliche Leben Ozeane von Licht und Liebe, Ozeane von Weisheit, Schönheit und Güte mit sich bringt und dem Geschöpf ermöglicht, ein immer helleres Licht, eine grenzenlose Liebe, eine alles umfassende Weisheit und eine immer größere Schönheit zu besitzen.» (Band 36, 21.08.1938)

«Und deshalb vereint sich die Seele, die im Licht Meines Willens handelt, mit der einzigartigen Tat ihres Schöpfers, und ihr Handeln geschieht in der Atmosphäre des Lichtes der Ewigkeit. Deshalb kannst du deine Taten nicht sehen, du kannst auch nicht sehen, in welchem Teil des Lichtes du sie vollbracht hast, und auch nicht, wo sie sich befinden, denn für das Geschöpf ist das Ewige Licht undurchdringlich und kann nicht vollständig durchquert werden. Aber es weiß mit Sicherheit, dass seine Tat dort im Licht ist und dass sie in der Vergangenheit, in der Gegenwart und in der Zukunft geschieht.» (Band 18, 25.12.1925)

Luisa ergänzt diesen Nutzen: «Ich konnte diese große Zahl von Leben in der Sonne, in den Sternen, in der Luft, im Wind und im Meer sehen. Jedes «Ich liebe Dich» war ein Leben in der Liebe, das eilends seinen Ehrenplatz in den GÖTTLICHEN OZEANEN einnahm. Was für ein Entzücken! Was für eine Schönheit! Wie viele unaussprechliche Überraschungen! Ich war sprachlos ... und wusste nicht, was ich sagen sollte.»

Und **Jesus** fuhr fort: «Meine Tochter, hast du gesehen? Wie viel seltene Schönheiten des Lebens Mein Wille erreichen kann? Seine Liebe und Seine Eifersucht sind so groß, dass Er sie im Inneren Seines eigenen Ozeans aufbewahrt.» (Band 35, 18.12.1937)

– 4.4 –
DIE VERMEHRUNG DER WOHLTATEN BEI DEN ANDEREN GESCHÖPFEN

«Wer im Göttlichen Willen handelt, bewegt sich in der Ersten Tat Gottes, ist gegenwärtig und handelt in der Regung aller Geschöpfe.» Die Handlungen und Gebete im Göttlichen Willen haben eine göttliche Kraft der Bekehrung und deshalb der Öffnung für das Heil der Seelen. Sie bewegen die Liebe des Vaters, uns Seelen zu geben, und sie veranlassen die Geschöpfe, sich zu bekehren und ihr geistiges Wachstum neu zu beleben.

Jesus: «Das Zeichen, dass die Seele den Göttlichen Willen besitzt, ist ihr Bedürfnis, sich den anderen hinzugeben und allen Gutes zu tun, mit ihren Handlungen auf alle zuzueilen, um sie ihnen zu schenken und viele andere "Jesusse" zu machen, indem sie Ihn allen schenkt.» (Band 34, 04.07.1936)

«Meine Tochter, die Liebe, die Wiedergutmachung und die Gebete außerhalb meines *Fiat* sind gerade mal kleine Tropfen. Dagegen sind dieselben Dinge und dieselben Taten in Meinem Göttlichen Willen Ozeane, sehr hohe Mauern und endlose Ströme. Wie Mein Wille unermesslich ist, so macht Er auch die Taten der Geschöpfe unermesslich.» (Band 28, 12.04.1930)

«Wer in Meinem Willen handelt, erhebt sich über diese Schwärze und sendet Lichtstrahlen auf die Erde, um diejenigen aufzurütteln, die auf der niedrigen Ebene ihres eigenen Willens leben, und sie darauf vorzubereiten, die Sonne des Göttlichen Willens zu empfangen.»

«Und wie vielen Menschen bringen Meine Hände das Licht in dieser Welt, während Ich in dir arbeite? Wie viele rufe Ich, und wie viele andere heilige Ich, bessere ich, züchtige ich usw.? Ihr seid also auch mit Mir hier, um zu erschaffen, zu berufen, zu bessern usw. Und wie du nicht allein arbeitest, so bin auch Ich nicht allein in allen Meinen Werken. Hätte ich dir eine größere Ehre erweisen können?» (Band 11, 14.08.1912)

«Die Seelen, die Meinen Willen tun, scheinen nichts zu tun, und doch tun sie alles. Denn indem sie in Meinem Willen bleiben, handeln sie göttlich, im Verborgenen und überraschend. Solche Seelen sind Lichter, die erleuchten, Winde, die reinigen, Feuer, das brennt, Wunder, die Wunder hervorrufen, weil in diesen Seelen die Macht wohnt, sie zu vollbringen... Sie sind also die Füße der Missionare, die Zunge der Prediger, die Kraft der Schwachen, die Geduld der Kranken, die Regel und der Gehorsam der Untertanen, die Duldsamkeit der Verleumdeten, die Standhaftigkeit in der Gefahr, das Heldentum der Helden, der Mut der Märtyrer, die Heiligkeit der Heiligen...» (Band 11, 15.03.1912)

«Die Freude, die Wir empfangen, wenn die Seele in Unserem Willen handelt, ist so groß, dass Wir sie an alle gesegneten Seelen weitergeben... die sagen: «Danke, danke, Du hast uns die große Ehre erwiesen, Zuschauer Deines Willens zu sein, der im Handeln des Geschöpfes wirkt.» (Band 35, 02.01.1938)

– 4.5 –
DIE HIMMLISCHE GABE, DIE DIE WAHRE ERNEUERUNG DER WELT BRINGT

DER WANDEL DER WELT

Unsere Zeit wurde vom himmlischen Vater erwählt, um Sein Reich auf Erden zu errichten. Dies ist die Erfüllung des Göttlichen Ratschlusses, nach dessen Willen der Mensch zur ursprünglichen Ordnung zurückkehren und ein mit Gott versöhntes Leben führen soll. **Jesus**: «Dass die Zeit gekommen ist, euch dieses Geschenk Meines Willens zu machen, zeigt sich daran, dass Ich es bekannt mache...»

«Wer in Meinem Willen lebt, besitzt das *ALLES*, das die Herrschaft des Göttlichen Willens auf Erden formt und anzieht, denn um ein Reich zu errichten, braucht man die Kraft der Macht des *ALLES*.»

Wir gehören zu den Ersten, die dazu berufen sind, durch Maria die unendlichen Schätze des Göttlichen Willens, die uns anvertraut sind, an andere weiterzugeben. Der Göttliche Wille stattet uns mit seinen Eigenschaften aus und verwirklicht alles. Indem wir Kinder des Göttlichen Willens werden, werden wir zu Vorläufern, die Sein Reich bereits herbeiführen, indem wir bitten und handeln, dass alle Seinen Willen kennen und ersehnen.

Jesus: «Meine Kinder, ihr seid Zeugen der außerordentlichen Erfahrung Meiner Rückkehr, da Ich durch den Sieg über Satan triumphiere. Ich werde wie im Himmel so auf Erden Wunder vollbringen, Ich werde die falschen Propheten im Dienst des Reiches des Bösen entthronen, sie werden in den Feuer-See geworfen werden.»

«Ihr werdet unerwartete, unvorstellbare Dinge sehen. Diese Zeit der Katastrophen kündigt die Vollkommenheit an. Weist Meine Hand nicht ab, Ich komme, um euch zu helfen. Euer Leidenskreuz ist der Schlüssel dazu. Ich bin mit euch allen hier, wie Ich es euch verheißen habe, bis zum Ende der Zeit, um euch in Meiner Liebe zu begleiten und euch zu helfen, diese große Belohnung, eure Neue Erde zu verdienen.»

«Ich habe für euch den Himmel Gottes für alle Ewigkeit erlangt. Haltet durch und betet zu Jesus und Maria, dankt Ihnen. Die Geburt wird zu einem großen allgemeinen Schmerz, dem bald die Freude folgt. Seht, das Kind, das Gott einem jeden von euch anvertraut, ist eure Neue Erde.»

DIE NEUE ERDE

«Die Nacht der Sünde wird nicht in das Reich des *Fiat* eindringen, es wird immer hell sein, seine leuchtenden Strahlen werden so stark sein, dass sie über den Abgrund triumphieren werden, in den die arme menschliche Natur gesunken ist.» (Band 19, 15.09.1926)

«Der neue Himmel und die neue Erde warten auf Meine treuen und liebenden Kinder, die hier auf Erden bleiben werden. Der Lohn, den ich für euch bereithalte, ist unvorstellbar. Niemand kann je die Belohnung verstehen, die Ich für Meine geliebten Kinder bereithalte. Die Erde wird euer Ort der Liebe sein wie der Herr der Ort der Liebe ist. Ihr werdet von Ihm und durch Ihn leben, Er wird alles für euch sein, die ihr dann auf Erden seid: «Ich werde mitten unter Meinen Kindern herrschen, Ich werde für ihren Unterhalt aufkommen.»

«Die Erde wird so erneuert, wie Gott sie erschaffen hat. Ihr werdet sauberes, natürliches Wasser, frisches und reines Wasser haben.

Euer Land wird voller Bäume, Pflanzen und Blumen sein, wie ihr es noch nie gesehen habt.»

«Dann werdet ihr zum Vater kommen mit der Offenherzigkeit eines ganz kleinen Kindes, mit eurem sonnigen Gesicht, und ihr werdet in aller Einfachheit von allen empfangen wie am ersten Tag eures Lebens. Ihr werdet das Licht im Licht sein, das hell leuchtet, und ihr alle werdet mit Gott Vater vereint sein, um diese Dinge zu genießen, die Seinen Kindern zur Verfügung gestellt sind. Die Kleinen werden sich als Brüder und Schwestern erkennen. Ihr werdet diesen Tag anbetend betrachten, an dem ihr dafür auserwählt wurdet, denn ihr seid auserwählt worden, um in dieser Zeit zu leben.»

«Mein Kind ist zurückgekehrt, es ist mit einem königlichen Gewand bekleidet, es trägt die Königskrone, es lebt mit Mir, und Ich habe ihm wieder die Rechte gegeben, die es hatte, als Ich es erschuf. Damit ist die Unordnung in der Schöpfung beendet, da der Mensch in den Göttlichen Willen zurückgekehrt ist.» (Band 25, 22.03.1929)

– 4.6 – AUSWIRKUNGEN AUF DIE SELIGEN IM HIMMEL

Die Wunder, die das göttliche *Fiat* im Handeln des Geschöpfes bewirkt, das in Ihm lebt, übersteigen alles, was wir kennen.

A. Entzückung und mögliche Herrlichkeit der Seele im Himmel

Jesus zu Luisa: «Ihr wurdet nicht für die Zeit erschaffen, ihr wurdet nicht für die Grenzen des Raumes erschaffen, vielmehr seid ihr für etwas ganz anderes erschaffen, und zwar um in einem übergroßen und wunderbaren Glück mit Gott, dem Herrn zu leben.»

«Die Herrlichkeit der seligen Seelen wird proportional zur Anzahl der Taten sein, die sie in Unserem Willen vollbracht haben. Je mehr Wissen sie also erworben haben, desto größer wird ihre Herrlichkeit und ihre Freude sein. Dadurch erlangen die seligen Seelen eine solche Größe, dass der ganze himmlische Hof darüber staunt, denn jedes neue Wissen über den Göttlichen Willen ist ein göttliches Leben, das die Seele erlangt, ein Leben voller Freude, Schönheit und Glück.» (Band 36, 12.06.1938)

«Diese Seelen werden die Juwelen meines himmlischen Throns sein... Diese Seelen werden wie Königinnen um Meinen Thron sein und von allen Seligen umringt. Und weil die Seligen wie eine Vielzahl leuchtender Sonnen im himmlischen Jerusalem sind, werden diese Seelen, die in Meinem Willen gelebt haben, in meiner Sonne leuchten, mit meiner Sonne verschmelzen, so dass die Seligen diese Seelen sehen, als seien sie in Meinem eigenen Wesen.

Denn es ist nur gerecht, dass sie, die auf Erden vereint mit Mir, mit Meinem Willen gelebt haben, ohne ein eigenes Leben zu haben, im Himmel eine andere Stellung bekommen als alle anderen und im Himmel das Leben weiterleben, das sie auf Erden gekannt haben, wo sie vollkommen in Mich verwandelt waren und in den Ozean Meiner Wonnen eintauchten.» (Band 11, 12.08.1916)

B. Die göttliche Freude wird an die auserwählten Seelen weitergegeben

Jesus: «Die Chöre der Engel sind nach dem Grad ihrer Kenntnis Meines Willens zusammengestellt… Die Engel der verschiedenen Chöre haben ihre eigene Schönheit und Funktionen. Daher gibt es diese Hierarchie der Engelschöre.»

«Der Himmel wird ganz aufmerksam, wenn mein Wille im Begriff ist, in einer Tat des Geschöpfes zu wirken. Dann ist er ergriffen, erstaunt, gefesselt und ruft aus: ‚Ist es möglich, dass ein Gott durch Seinen dreimal Heiligen Willen einen solchen Grad an Liebe erreichen kann, dass Er sich selbst in der Tat des Geschöpfes erschafft?» (Band 35, 30.01.1938)

«Meine Tochter, alles, was das Geschöpf in Meinem Willen tut, entsteht zunächst im Himmel am ewigen Tag, der keine Nacht kennt. Der gesamte Himmlische Hof ist sich bereits bewusst, dass ein Geschöpf der Erde in der himmlischen Heimat Zuflucht gesucht hat, die ihm bereits gehört, aber warum? Um sich mitten in das *Fiat* einzufügen und Seine Macht und schöpferische Tugend anzurufen, um Ihm die Möglichkeit zu geben, in seinem Handeln zu wirken.» (Band 35, 02.01.1938)

«Meine Tochter, der Wert dieser Taten, die in Meinem Willen vollbracht werden, ist so groß, dass die Engel es als eine Gunst betrachten, sie zu empfangen. Sie sehen in diesen Taten die Schöpfermacht. Sie spüren in sich das Echo des göttlichen Fiat. *Und da diese Taten Licht sind, sind sie auch göttliche Stimmen, und da sie Stimme sind, sind sie auch Musik, Schönheit, Seligkeit, Heiligkeit und göttliche Wissenschaft. Und da Mein Wille die Macht des Himmels ist, streben die Engel danach, die in Ihm vollbrachten Taten in ihren Himmlischen Wohnsitz zu bringen. Alles, was in Meinem Höchsten Willen getan wird, kann nicht auf der Erde bleiben. Allenfalls können diese Taten hier auf Erden vollbracht werden, aber Mein Wille selbst zieht sie wie ein Magnet zur Quelle und sendet sie in die Himmlische Heimat.» (Band 21, 18.05.1927)*

– 4.7 –
ZUR EHRE GOTTES

Je mehr die Seele mit Jesus verschmilzt, desto mehr gefällt sie Ihm, desto mehr ähnelt sie Ihm und desto mehr fühlt Er sich verherrlicht. Wenn ich Gott die Ehre gebe, vollbringe ich ein göttliches Werk. Msgr. Luis Martinez: «Gott die Ehre zu geben, ist die höchste Ausformung der Liebe, die möglicherweise kraft des Göttlichen Willens auf die ganze Menschheit ausgedehnt wird.»

Nicole Boulanger: «Die Ehre Gottes ist das einzig Notwendige, von dem Jesus mit Martha von Bethanien sprach... Zur Ehre Gottes wurde das Universum erschaffen; zur Ehre Gottes hat Christus gelebt und gibt es die Kirche. Unser Leben, unsere Freude ist Christus, das Licht des Lichtes des Vaters...»

Jesus zu Luisa: «Die Erde bietet mir nur wenige Tabernakel. Man kann die Hostien fast zählen. Außerdem gibt es die Sakrilegien und die Unehrerbietigkeit. Oh, wie wird Meine Liebe beleidigt und ausgesperrt! In Meinem Willen ist jedoch nichts versperrt, gibt es nicht die leiseste Beleidigung, und das Geschöpf schenkt Mir göttliche Liebe, göttliche Wiedergutmachung und einen völligen Einklang mit Mir. Darüber hinaus ersetzt es zusammen mit Mir die Taten der Geschöpfe durch göttliche Taten, um alles Böse der Menschheitsfamilie wiedergutzumachen.» (Band 12, 27.02.1919)

«Eine Seele, die sich beim Beten völlig in Mich versenkt, ist für Mich wie ein anderer Gott, der sich erhebt und eine göttliche Musik für Mich spielt.» «Wir fühlen die Gleichheit mit Unserer Liebe, die Heiligkeit und die Ehre, und Wir warten ängstlich darauf, dass es seine Taten in Unserem Willen wiederholt, um Unser Leben zu wiederholen, um Uns durch seine Liebe zu finden und Uns selbst in seinen Taten zu verherrlichen. Erst dann vollenden Wir die Fülle der Schöpfung: Alles dient Uns.» (Band 35, 28.12.1937)

Was wissen wir über das pulsierende Leben Gottes angesichts des Geschöpfes? **Jesus:** «Die Seele, die in Unserem Willen lebt, ist der helle Tag Unseres ununterbrochenen Wirkens, und Unser Leben pulsiert und wiederholt Unsere Taten, die immer in Aktion sind und nie aufhören. Sie ist Unser Triumph, Unsere kleine Gewinnerin. Unsere maßlose Liebe ist genau das: Wir wollen, dass das Geschöpf Uns gewinnt. Wenn es gewinnt, wird Unsere Liebe freigesetzt und Unsere Ungeduld und Unsere maßlose Liebe leben in diesem Geschöpf und Unsere Liebe ruht sich aus. *Fiat!*» (Band 35, 26.09.1937)

Seit 6000 Jahren wartet der Herr auf diese schönste Zeit der Welt. «Wenn eine Seele in Unserem Willen lebt, kennt sie Uns. Wenn eine Seele sich auf diesen Willen einlässt, küsst sie ihren Papa, umarmt Uns und umgibt Uns mit ihrer kleinen Liebe, während Wir ihr Unsere Ozeane der Liebe schenken und sie ihre Küsse mit dem ganzen Himmel austauscht. Wir können sagen, dass dann die Feiern unter uns, zwischen Himmel und Erde beginnen. (Band 36, 30.06.1938)

Jesus zu Luisa: «Ich bewahre dich als Erfrischung für Mich, als Verwahrerin des Balsams für Meine Leiden. Und wenn Ich Meine Taten und Meine Leiden von Bitterkeit umgeben sehe, weil die Geschöpfe Meinen Willen fliehen, nehme Ich bei dir Zuflucht, um Meinen vom Kummer geschürten Schmerz zu lindern und einen Balsam aufzutragen. (Band 35, 28.03.1938)

GEBETE

✝ Im Namen der Menschheit danke ich Dir, Heilige Dreifaltigkeit, dass Du uns nach dem Bild des Sohnes geformt hast, damit auch wir Erben der Güter des Vaters für Dein Friedensreich werden.

✝ «O Christus, König des Universums, sei gegenwärtig und erobere in Deinem Königreich der Liebe die Familien, unsere Kirchen, die Regierungen, die verschmutzten Orte, die Schulen, die Krankenhäuser, die Unternehmen, die Medien, die Vergnügungsorte zurück, damit der Heilige Geist sie segne. Öffne einen Weg der Erlösung in den Herzen, setze die Lebenskraft frei, fördere das Gemeinwohl, damit alle zu Deiner Ehre gerettet werden.»

✝ Herr, sende durch die Heiligkeit, die Liebe und die Macht Deines Willens das neue Zeitalter des Glücks und der Heiligkeit.

Bildnachweis: iStock_0000091146

ZUM ABSCHLUSS

Neubelebung

DIE NEUE GEBURT

Der Herr hat das Geheimnis des Göttlichen Willens enthüllt. Er führt ein neues Leben ein, in dem wir einen Weg einschlagen, der in die entgegengesetzte Richtung des Wegs von Adam und Eva führt, die das Paradies des Glücks in Gott verließen. Jetzt kommt Er, um die Erde vom Bösen zu lösen und die Herzen zu heilen. Wir erleben eine wunderbare Zeit, die Zeit der endgültigen Bestimmung der Menschheit im himmlischen Jerusalem auf Erden.

«Jetzt ist er da, der rettende Sieg,
die Macht und die Königsherrschaft unseres Gottes
und die Vollmacht seines Gesalbten!»
(Offb 10,12)

Mit Seinen Lehren, die der Herr «das Evangelium vom Reich des Göttlichen Willens» nennt, macht Er uns den Weg der Erkenntnis bekannt, damit wir Kinder Gottes in Fülle, Wesen der Liebe und des Lichts werden. Die Errichtung des Reiches des Ewigen Vaters beinhaltet eine göttliche Verwandlung, die von einem Leben in der menschlichen Ordnung zu einem Leben in der göttlichen Ordnung führt. «Wir stellen uns Gott zur Verfügung, und Er stellt sich uns derart zur Verfügung, dass wir so viele Hostien bilden, wie wir Taten in Seinem Heiligen Willen vollbringen.» (Luisa)

Am Ende dieses Buches hat der Leser ein lobenswertes Ziel erreicht, das ihn durch sein Wissen bereits auf den Lebensweg im Göttlichen Willen führt. Betrachten Sie den Inhalt dieses Buches oft, dann werden auch Sie beim Fest dabei sein!

Man braucht keine komplizierten Wege suchen, um diese neue Lebensweise zu praktizieren, die einfach darin besteht, sich selbst zu vergessen, um im gegenwärtigen Augenblick Seinen Willen der Liebe in all unseren Handlungen anzunehmen, das heißt die göttliche Haltung zu übernehmen, alles für und in Jesus zu tun.

Luisa: «Wir müssen den starken, festen und beständigen Entschluss fassen, unseren Willen in die Hände Jesu zu legen und diese Haltung in unserem ganzen Sein, in all unseren Handlungen zu verfolgen, auch in den ganz natürlichen Handlungen unseres Lebens: beim Essen, Schlafen, Leiden, Beten und auch bei den rechtmäßigen Vergnügen. Unsere in Einheit mit Gott vollbrachten Taten erfreuen Ihn beim Anblick Seines Reiches und Seines eigenen Wirkens in dem Geschöpf, das Ihm das Echo Seiner Liebe liefert.

Konkret stehen im Mittelpunkt dieser neuen Lebensweise drei unverzichtbare Aktionen, die stets neu vorgenommen werden müssen:

- Die Morgengebete, die die Verschmelzung unseres Willens mit dem Willen Gottes besiegeln.

- Die geläufigen oder aktuellen Taten oder jene, die in göttliche Taten verwandelt werden, da Gott ihr Akteur ist.

- Die Gebets-Tourneen oder Gebets-Rundgänge im Göttlichen Willen, die uns in die Unermesslichkeit Seines Handelns und in die Zärtlichkeit Seiner Liebe hineinheben.

DAS NEUE WESEN, DAS NEUE REICH

In Jesus verschmilzt der Wille des Menschen mit Gott, welcher die angestrebte Einheit wiederherstellt. Nicht mehr die Seele handelt, vielmehr handelt Jesus bei allem in ihr und in ihren Taten.

Jedes Tun im Göttlichen Willen umschließt und umfasst alles auf universelle Weise, denn in Seinem Willen ist alles gegenwärtig und lebendig. So wird man zum Träger Seines Handelns, das vollkommene, vollständige und ewige Taten vollbringt…

«Meine Tochter, wer in der Sphäre Meines Willens lebt, befindet sich in der Wohnstätte allen Reichtums, und wer außerhalb dieser Sphäre lebt, befindet sich in der Wohnstätte aller Armseligkeit.» (Band 6, 16.01.1906)

Jesus: «Die in Meinem Willen vollbrachten Handlungen, die die Schöpferkraft in sich tragen, werden zum neuen Heil für den Menschen, und da sie vom Himmel herabkommen, bringen sie alle Wohltaten auf die Erde. Sie kennzeichnen ein neues Zeitalter und den Triumph über die menschliche Ungerechtigkeit… Sie werden mit den Waffen der Liebe kämpfen und ihnen Gaben, Gnaden und Frieden gewähren. Sie werden derartige Wunder wirken, dass der undankbare Mensch darüber staunt… Folglich sollt ihr viele Taten in Meinem Willen vollbringen, um die Waffen der Liebe zusammenzustellen, damit die Geschöpfe bekehrt werden, wenn Ich in ihre Mitte herabkomme.» (Het 12, 26.04.1921)

Die betende Hinwendung im Göttlichen Willen bildet meinen kleinen Ozean der Liebe, der in die Ozeane der Güte mündet, um der vollkommenen Ehre der Heiligen Dreifaltigkeit zu dienen. Die Seele wird ausgeweitet und in den Himmel erhoben. Mit den Gebets-Rundgängen nehmen wir an den Werken der Heiligen Dreifaltigkeit teil und erweitern so unseren Wirkungskreis unendlich durch die Taten des Schöpfers, des Erlösers, der uns heiligt.

Durch das wiederholte Handeln im Göttlichen Willen vertieft sich der Einklang mit dem Herrn und das Leben des Göttlichen *Fiat* schlägt Wurzeln. Was für eine Eroberung, die von der göttlichen Großherzigkeit beseelt ist!

Luisa: «Die Dreifaltigkeit ist unsere Wohnung, unser Zuhause, das Vaterhaus, das wir nie verlassen dürfen... Daher wird das Wort in der Seele wie im Schoß des Vaters mit derselben Ekstase der unendlichen Liebe ausgegossen! Der Vater, das Wort und der Geist dringen in die Seele ein, vergöttlichen sie und verzehren sie in dem EINEN durch die Liebe.»

So ist uns gegeben, diese große Wahrheit zu begreifen, dass der Göttliche Wille am Werk ist und uns mit Ihm am Auftauchen einer neuen Menschheit teilhaben lässt.

Die Königin-Mutter befruchtet die Kinder des Göttlichen Willens, indem sie unsere Taten nach dem Bild ihrer eigenen Taten im anbetungswürdigen *Fiat* formt! Sie führt uns auf den königlichen Weg, der von der Macht, der Heiligkeit und dem Licht des Heiligen Geistes erleuchtet wird. Wir begleiten das Volk Gottes in den Geburtswehen, verbunden mit den Leiden, die Christus, der Erlöser am siegreichen Kreuz auf sich genommen hat. Und der Schöpfer-Vater bereitet die neue Erde vor, die das Gefäß für Sein Reich wie im Himmel so auf Erden bildet...

Jesus zu Luisa: «Die ersten Zeiten der Schöpfung sind für dich und für Mich zurückgekehrt. Zwischen dir und Mir gibt es nur noch Glück, du lebst als Unsere Tochter in Unserem Haus in der Fülle der Güter deines Schöpfers.» (Band 25, 31.03.1929)

Maria, Königin des Friedens

«Dies ist das Zeitalter des Heiligen Geistes, in dem die Harmonie zwischen Himmel und Erde wiederhergestellt wird, in dem mein göttlicher Sohn der Dirigent ist, um dem dreimal Heiligen Vater das Konzert darzubringen und zu schenken, in dem die Symphonie der Erfüllung Seines Göttlichen Willens mit allen Kindern guten Willens gespielt wird, mit allen Kindern, die gesagt haben: "Ja, Vater, Dein Reich komme, Dein Name werde geheiligt, dein Wille geschehe wie im Himmel so auf Erden". Was für ein Festtag, was für ein Tag der Freude, an dem es dem Vater eine Wonne sein wird, allen Seinen kleinen Kindern zuzuhören. Und was ist über die große Freude meines geliebten Jesus zu sagen? Welche Freude! Welcher Jubel im Himmel mit allen Engeln und Heiligen!»[6]

6. Buch: *Ich bereite euch auf dieses Ereignis vor: die Erleuchtung der Gewissen*, Band 3. Botschaft vom 08.07.2013, Sulema, Parvis-Verlag.

ANHANG I

Rundgang im Göttlichen Willen

Einband-Bild des Buches *Premiers Pas avec Luisa Piccarreta – Vivre dans la Divine Volonté (Erste Schritte mit Luisa Piccarreta – Im Göttlichen Willen leben)*, Marcel Laflamme, Verlag Christian & Parvis-Verlag.

DIE ÜBERGROSSE LIEBE DES VATERS UND SCHÖPFERS

Durch die Schönheit und Erhabenheit der Schöpfung kann man die Liebe und die höchste Schöpfermacht ihres Urhebers anbetend betrachten und die Güte verherrlichen, die der Herr im Universum ausgegossen hat.

Jesus: «Die ganze Schöpfung spricht von Unserer Liebe zu den menschlichen Geschöpfen.» «Alles Erschaffene sagt dem Menschen in seiner stillen Sprache: Wir bringen dir das Glück und die Freude unseres Schöpfers.» (Band 19, 09.04.1926)

«Wenn du wissen willst, was Mein Wille in der ganzen Schöpfung wirkt, musst du sie durchgehen. Dann offenbart sich Mein Fiat, das dich in allen erschaffenen Dingen findet, und sagt dir, was Es meiner Göttlichen Majestät gegenüber tut und welche Lektionen Es den Geschöpfen erteilen will.» (Band 20, 01.11.1926)

Auf den Flügeln Seines Willens zeigt uns der Herr: «Siehst du das Sonnenlicht, das die Erde überflutet? Wenn du dieses Licht in Atome zerlegen könntest, könntest du in diesen Atomen Meine melodiöse Stimme hören, die jedem von euch unablässig sagt: "Ich liebe dich, ich liebe dich", und zwar so, dass es euch unmöglich wäre, sie zu zählen. Ihr würdet von der Liebe überflutet. Und in der Tat sage ich euch "Ich liebe dich, ich liebe dich" in dem Licht, das eure Augen erfüllt.

"Ich liebe dich" in der Luft, die ihr einatmet. "Ich liebe dich" im Rauschen des Windes in euren Ohren. "Ich liebe dich" in der Hitze und in der Kälte, die ihr empfindet. "Ich liebe dich" in dem Blut, das in deinen Adern fließt. "Ich liebe dich" in euren Herzschlägen – sie sprechen mit Euch über Mein eigenes Herz. "Ich liebe dich" in jeder Geste eurer Hände... Denn nichts geschieht in euch oder außerhalb von euch ohne eine entsprechende Tat Meiner Liebe zu euch. Eines Meiner "Ich liebe dich" jagt das andere. Und wie viele "Ich liebe Dich" richtet ihr an Mich?» (Band 11, 23.04.1912)

DIE ERWIDERUNG DER LIEBE DES GESCHÖPFES UND DIE VERMEHRUNG DES GÖTTLICHEN SEGENS[7]

Jesus: «Eine einzige Handlung in Meinem Willen ist größer als der Himmel und die Erde. Ihre Unermesslichkeit hat keine Grenzen, ihre Macht ist unendlich... Das Geschöpf kann Uns keine größere Freude bereiten, als wenn es unseren Schöpfungsakten folgt, denn es vereint sich mit Unserem Plan. Es verbindet sich mit Unserer Liebe und Wir spüren seine Küsse, die sich mit den Unseren in ein und derselben Liebe vermischen...»

✝ Ewiger Vater, wir preisen Dich in Deinem Schöpfer-*Fiat*, indem wir Dir mit Deiner Liebe unseren Refrain darbringen «Ich liebe Dich und ich danke Dir...» im Namen aller Geschöpfe.

«Tochter Meines Willens, wenn das Geschöpf zu unseren Werken zurückkehrt und nach ihnen verlangt, sie liebt und sie sich zu eigen macht, drängt uns Unsere Liebe, zu ihm zu eilen, sie anzunehmen und Unsere Werke schon allein für sie zu erneuern, als seien wir dabei, sie zu wiederholen. In ihr bündeln wir all unsere Liebe, unsere Macht, unsere Freuden, die Lust und die Torheit der Liebe, die wir bei der Erschaffung der ganzen Schöpfung empfanden.

In unserer übergroßen Liebe schauen wir das Geschöpf an und finden den Himmel und die Liebe, die wir empfanden, als Wir das azurblaue Gewölbe ausspannten. Dann sehen wir das Geschöpf

7. Um die Umsetzung dieser entscheidenden Tätigkeit zu vertiefen, empfehlen wir das kleine Buch *Rondes dans la Divine Volonté – (Rundgänge im Göttlichen Willen)*, der französisch-kanadischen Vereinigung Luisa Piccarreta. E-Mail: info@luisapiccarreta.ca

wieder an und entdecken die Vielfalt der Sterne: Jedem verleiht es seine Stimme, damit sie sagen: «Ich liebe Dich, ich liebe Dich, ich liebe Dich.» Diese Stimmen des «Ich liebe dich» bilden die schönste himmlische Musik, und dieser wohltuende Klang berauscht Uns.

Und in Unserem Rausch sagen wir zu dem Geschöpf: «Tochter, wie schön du bist! Du schenkst Uns unendliche Freude. Selbst als Wir alles erschufen, empfingen Wir keine Melodien und Freuden wie diese, denn es fehlte ein Geschöpf, das mit Unserem Willen vereint ist und Unsere Werke dazu bringt zu sagen: "Ich liebe Dich, ich liebe Dich, ich liebe Dich."»

BEISPIEL FÜR EINEN SCHÖPFUNGS-RUNDGANG

✝ «Mein liebster Jesus, ich lasse mich auf Deinen Göttlichen Willen ein und mit Maria, der Königin der Schöpfung, und Luisa, der Kleinen Tochter des Göttlichen Willens, werfen wir uns zu Füßen Deiner Höchsten Majestät nieder. In der Unermesslichkeit dieses Göttlichen Willens, in dem alle Generationen am Werk sind, als würden sie einen einzigen Punkt bilden, kommen wir im Namen der ganzen vergangenen, gegenwärtigen und zukünftigen Menschheitsfamilie, um Dich anzubeten und Dir die Ehre zu erweisen, die alle ihrem Schöpfer schulden.» (Hart, Band 4, S. 18)

✝ Die ganze Schöpfung ist von Deinem Willen und Deinem Wirken erfüllt. In jedem erschaffenen Ding gibt es eine Verbindung, einen Kanal der Gnade, eine besondere Liebe zwischen der Höchsten Majestät und dem Geschöpf. Durch diesen Willen stellst Du uns alle Güter zur Verfügung, nicht nur die notwendigen, sondern auch die überflüssigen.

✝ «Mein Geliebter, in Deinem Willen ist das, was Dein ist, auch mein: die Sonne ist mein, und alle erschaffenen Dinge sind mein. Ich gebe sie Dir alle zurück! Die Sonne soll Dir in jedem ihrer Licht- und Wärmestrahlen sagen: "Ich liebe Dich, ich bete Dich an, ich preise Dich und halte Fürbitte für die ganze Menschheit. Da die Sterne mein sind, besiegle ich in jedem ihrer Funken ein unermessliches und unendliches "Ich liebe Dich" im Namen aller. Die Pflanzen, die Blumen, das Wasser, das Feuer, die Luft sind mein, und ich gebe sie Dir zurück, damit sie Dir im Namen der ganzen Menschheit sagen können: "Ich liebe Dich mit der Ewigen Liebe, mit der Du uns erschaffen hast. Amen. *Fiat.*"»
(J. R. Brown)

Jesus: «Und wie viele meiner "Ich liebe dich" trägt der Mensch selbst nicht in seinem ganzen Wesen? Seine Gedanken werden durch mein "Ich liebe dich" besiegelt. Sein Herz, das in seiner Brust mit diesem geheimnisvollen Tick, Tick, Tick... schlägt, sagt ihm unablässig neu: "Ich liebe dich", "ich liebe dich", "ich liebe dich". Seine Worte werden von meinem "Ich liebe dich" begleitet. Seine Bewegungen, seine Schritte und alles andere sind von dem "Ich liebe dich" ihres Schöpfers geprägt.» (Band 16, 01.08.1923)

«Es gibt keinen einzigen Herzschlag, der nicht von Gott angeregt wird, in dessen Gegenwart wir leben müssen.»

✝ Wir vereinen unser "Ich liebe Dich, ich bete Dich an" mit allen Geschöpfen, um die in der Schöpfung dargestellten göttlichen Eigenschaften zu verherrlichen.

Jesus: «Unser Wille verherrlicht das Bild Unserer Unveränderlichkeit in der Stabilität der Berge; das Bild Unserer Gerechtigkeit im Grollen des Donners und im Getöse des Blitzes; das Bild Unserer Freude im kleinen Vogel, der singt, zwitschert und trillert; das Bild der in Liebe seufzenden Taube. Das Bild Unseres ständigen Rufes, der sich durch das blökende Lamm an den Menschen richtet, das bei jedem Blöken sagt: "Ich, ich, komm zu mir, komm zu mir". Und Unser Wille verherrlicht Uns in dem ständigen Ruf, den Wir an das Geschöpf richten.» (Band 19, 29.06.1926)

Jeder ist eingeladen, die Lehren zu entdecken, die der Göttliche Wille in den erschaffenen Dingen des Himmels, der Erde und des Meeres und in den verschiedenen Reichen, den mineralischen, pflanzlichen, tierischen, menschlichen und geistlichen Reichen offenbart.

Jesus – Der Regenbogen sagt zum Menschen: «Ahme die winzigen durchsichtigen Wassertropfen nach, aus denen ich bestehe, und die alle ihre Farben in vollkommener Harmonie und Ordnung brechen, wenn sie vom Sonnenlicht angestrahlt werden. Um winzig klein zu werden, musst du deine Nichtigkeit kennen. Um transparent zu werden, musst du all das Gute, das dir widerfährt, als von Gott kommend erkennen... Dann musst du in die Ordnung des Göttlichen Willens eintreten, um von seinen unendlichen Lichtstrahlen durchdrungen zu werden. Dann erstrahlst du in allen Farben der göttlichen Tugenden in ihrer Fülle, dann bist du mit Seiner Harmonie und Seiner göttlichen Ordnung bekleidet und ein Regenbogen, der Gott selbst erfreut!»

✝ Vater und Schöpfer, ich bin nichts, aber im Göttlichen Willen trete in jedes erschaffene Ding ein und im Namen aller "liebe ich Dich und bete ich Dich an" für die Arbeit der Bienen, für das Lächeln eines Kindes und sein erstes Stottern, für das Rauschen des Meeres und das Stöhnen des Windes, für das Miauen, für den Atem der Seele, für das Bellen, das Wiehern, das Zwitschern der Vögel, das Grün und die blühenden Felder, die Schneeflocken, die Regentropfen, das tägliche Brot, das Gemüse und die Früchte, das unendliche Himmelsgewölbe und die Milliarden Galaxien, für die Elektrizität und die Annehmlichkeiten des Lebens, für die Engel und unsere Freunde, die in Mutter Maria in der heiligen Dreifaltigkeit gepriesen werden.

«Herr, Dein *Fiat* der Schöpfung vereinigt alles. Es hält alle Dinge in Bewegung und vereint Himmel und Erde, Schöpfer und Geschöpf und macht sie EINS.»

Alle Dinge, die von Euch kommen, sind Taten tiefer Anbetung Eures Göttlichen Wesens... Die Himmel sind nichts anderes als ein Akt tiefer Anbetung der Unermesslichkeit Eures Göttlichen Wesens. Deshalb will ich in jedem erschaffenen Ding, vom kleinen Sandkorn bis zur Sternenkonstellation, die Anbetung lesen, die es in sich trägt.

Im göttlichen *FIAT* wird das Menschengeschöpf in die Unermesslichkeit der Werke seines Schöpfers eingegliedert, um Den zutiefst anzubeten, der alles erschaffen hat.

✝ «Mache meine "Ich liebe Dich" zu einer Kette, die mich mit Dir verbindet, und mache meine Küsse zu einem starken Magneten, der mich in Dir festhält.» (*Rondes dans la Divine Volonté - Rundgänge im Göttlichen Willen*, S. 58)

✝ «Möge zu eurer Freude, Heiligste Dreifaltigkeit, die Zeit kommen, in der alle in Eurem Schoß in den Zustand der Schönheit, der Vollkommenheit, der Harmonie und der Souveränität zurückkehren, wie in den ersten Zeiten der Schöpfung!»

✝ «Eins soll die Anbetung, eins die Liebe, eins die Herrlichkeit des Höchsten Wesens sein. Oh, Göttlicher Wille, herrsche und gib, dass der Willen aller nur noch EINS ist...»

ANHANG II

Liste von Morgengebeten im Göttlichen Willen

Bildnachweis: Shutterstock_311464622

Dieser Anhang ist eine Fortsetzung von Kapitel 3. Die Gebete in den Anhängen 1 und 2 nehmen als morgendliche Meditation etwa zwanzig Minuten in Anspruch.

Jesus zu Luisa: «Die Seelen, die in Meinem Willen leben, suchen nur zwei Dinge: Meine Liebe und Meinen Willen.» (Band 11, 15.03.1912)
Die Morgengebete konzentrieren sich also auf diese beiden Dimensionen, um *schrittweise, nach und nach* zum neuen Leben im Göttlichen Willen zu gelangen:

A. Der Austausch des menschlichen Willens gegen den Göttlichen Willen, damit Er in uns herrscht und stets erfüllt wird.
B. Das ununterbrochene Eintauchen in die Göttliche Liebe.

Ebenfalls am Morgen opfert man die für diesen Tag geplanten Taten auf (das Vorab-Handeln).
Schauen wir uns die geeigneten Gebete genauer an, die diese grundlegenden Dimensionen einbeziehen.

✝ **Das Kreuzzeichen im Göttlichen Willen**
Im Namen des Vaters, der mich erschaffen hat, im Namen des Sohnes, der mich erlöst hat, und im Namen des Heiligen Geistes, der mich heiligt.

✝ **Komm, Heiliger Geist**
Komm durch die mächtige Fürsprache des Unbefleckten Herzens Mariens, Deiner geliebten Braut:
– Ich weihe Dir diesen Tag.
– Öffne mein Herz und meinen Geist für Deine Eingebungen.
– Gib, dass alle meine Taten im Göttlichen Willen vollbracht werden.

✝ Ein *Vaterunser*, ein *Gegrüßet seist du Maria* und ein *Ehre sei dem Vater...*

– A –
VERSCHMELZUNG DER WILLEN

Ich tausche meinen Willen gegen den Willen Gottes ein

✝ Heiligste Dreifaltigkeit, ich löse mein Nichts in Deinem *Alles* auf.

Mit Maria verzichte ich auf meinen Willen und übergebe ihn Dir. Bitte gib mir im Gegenzug Deinen Willen, der göttlich, vollkommen, vollständig, selig, unendlich und ewig ist. Möge seine SONNE über mir aufgehen und mein Handeln beseelen. Möge ich an diesem Tag heute treu sein und diese Verpflichtung aufmerksam erfüllen.

«Herr, öffne meine Lippen,
damit mein Mund dein Lob verkünde!»
(Ps 51,17)

✝ Weihe an den Göttlichen Willen

«Mein liebster Jesus, ich lasse mich auf Deinen Göttlichen Willen ein, ich werfe mich vor Deiner Höchsten Majestät nieder und spreche Dir nach:

> «Hier bin ich, Vater, siehe, ich komme, um Deinen Willen zu tun.»
> Alles, was ich habe, gehört Dir, Herr, auch dieser Wille, den Du mir so großzügig geschenkt hast. Ich gebe ihn Dir hin, damit ich im Gegenzug Deinen Willen empfangen kann.

Ich übergebe mich Dir, oh Vater, und allem, was Du für mich willst. Ich spreche meiner Heiligen Mutter nach: «Mir geschehe nach Deinem Willen.»
Ich lege meine Schwäche in deine Stärke, meine Nichtigkeit in Dich, der Du alles bist, und ich lege meine Unwissenheit in Deine Weisheit.
«Herrsche in mir und mache mich zu einem Werkzeug Deines Ruhmes.»
Ich stelle mein Leben und alle meine Handlungen in das Licht Deines Göttlichen Willens.
Mit Luisa Piccarreta, der kleinen Tochter des Göttlichen Willens, und mit dem ganzen himmlischen Hof flehe ich zu Dir: «Komm herab, oh Göttlicher Wille, und herrsche wie im Himmel so auf Erden.»

✝ Gebet, um sich in den Göttlichen Willen einzugliedern (Luisa)

«Ich bin nichts! Gott ist alles... Vater, ich liebe dich.
- Oh Göttlicher Wille, denke durch meinen Geist.
- Oh Göttlicher Wille, kreise in meinem Blut.
- Oh Göttlicher Wille, schaue durch meine Augen.
- Oh Göttlicher Wille, höre durch meine Ohren.
- Oh Göttlicher Wille, sprich durch meine Stimme.
- Oh Göttlicher Wille, atme durch meinen Atem.
- Oh Göttlicher Wille, schlage in meinem Herzen.
- Oh Göttlicher Wille, bewege Dich durch meine Bewegungen.
- Oh Göttlicher Wille, leide durch meine Leiden, so dass meine Seele in Dir verzehrt und verschmolzen wird und ein lebendiges Kruzifix zur Ehre des Vaters ist.
- Oh Göttlicher Wille, bete in mir und nimm dieses Gebet als das Deine an. Füge die Gebete aller hinzu, um dem Vater die Ehre zu erweisen, die alle Geschöpfe ihm schulden.

- Oh Göttlicher Wille, erfülle mich mit dem Glauben der Heiligen Mutter Maria, damit ich an Dich glauben kann wie sie es tat.
- Oh Göttlicher Wille, erfülle mich mit der Hoffnung der Heiligen Mutter Maria, damit ich auf Dich hoffe wie sie es tat.
- Oh Göttlicher Wille, erfülle mich mit der Liebe der Heiligen Mutter Maria, damit ich Dich liebe wie sie es tat.
- Oh Göttlicher Wille, bete und bete an, wie Jesus es in Seinem göttlichen Menschsein tat.
- Komm, oh Göttlicher Wille, der Du unsere Taten unendlich zu vermehren weißt, bringe in mir das heilige Kreuzesopfer dar, als ob alle dabei gewesen wären.
- Teile an alle die Früchte dieses Göttlichen Opfers aus, um allen das Heil zu schenken. AMEN.»

✝ **Ewiger Vater**, ich bitte Dich um nichts anderes, als mich so innig mit Deinem Heiligsten Willen zu verschmelzen, dass ich niemals von dem abweichen kann, von dem ich weiß, dass es Deinem Belieben entspricht, und dass ich den Regungen Deines göttlichen Willens so gehorsam bleibe, dass Du in meiner Seele keinen Widerstand gegen Deine Wünsche für mich erkennen kannst.

✝ Gib, **oh mein Jesus**, dass ich in Deinem Höchsten Willen bete, esse, lebe, handle, arbeite, gehe, schlafe, usw. Löse meine Seele von allen Begierden, von allem Eigenwillen und allem Verlangen, und mach mit mir, o anbetungswürdiger Göttlicher Wille, alles, was Du von mir willst, wünschst oder erwartest.

✝ **Gebet zum Akt der Demut**

Mein Gott, ich bin nichts als Asche und Staub. Halte die Regungen des Hochmutes nieder, die in meiner Seele aufsteigen, und lehre mich, mich selbst geringzuschätzen, der Du den Hochmütigen widerstehst und den Demütigen Deine Gnade schenkst.

– B –
VEREINIGUNG DER LIEBE: VERSCHMELZUNG DER HERZEN

Darum sollst du den HERRN, deinen Gott, lieben mit ganzem Herzen, mit ganzer Seele und mit ganzer Kraft
(Deuteronomium 6,5)

✝ «**Oh göttliche Personen der Heiligsten Dreifaltigkeit**, ich werfe mich vor Eurer höchsten Majestät nieder und bringe Euch im Namen aller Geschöpfe meine Anbetung, meine Ehrerbietung und meinen Lobpreis dar; mit der Macht Eures Willens, um Euch anzubeten, mit der Weisheit Eures Willens, um Euch zu verherrlichen, und mit der Liebe Eures Willens, um Euch zu lieben und zu lobpreisen.»

✝ In Deinem Göttlichen Willen **liebe ich Dich, Vater**, mit der ganzen Liebe Deines Sohnes und des Heiligen Geistes. Ich liebe Dich, Jesus, mit der unendlichen Liebe des Vaters und des Heiligen Geistes. Ich liebe Dich, Heiliger Geist, mit der vollkommenen Liebe des Vaters und des Sohnes.

✝ **Papa, Guter Gott**, im Göttlichen Willen schmiege ich mich in Deine Arme, wo ich in die große Freiheit der Kinder Gottes eintrete. Ich tauche ein in die Unermesslichkeit Deines Willens und erhebe mich in Seine leuchtende Sonne, das vollkommene Feuer der Liebe, das alle Menschen, ihre Gedanken und ihre Handlungen erreicht. Mit Jesus und dem Heiligen Geist bete ich Dich an und verschmelze mit der unendlichen Zärtlichkeit Eurer Liebe.

✝ **Heiliger Geist**, danke, dass Du mein Leben vergöttlichst, damit ich EINS bin mit Jesus und zu einem Wesen des Lobpreises, der Freude und der Liebe in diesen Zeiten des Reiches des Göttlichen Willens werde.

✝ Im Göttlichen Willen vereine ich mich mit dem **Heiligen Geist** und lobpreise ihn, der im Voraus vorbereitet, was jeder Mensch in seinem täglichen Leben entsprechend der Werke tun muss, die er gemäß dem göttlichen Plan tun soll, damit der Mensch dem Vorbild des Sohnes folgt und den Willen des Vaters erfüllt. Von Herzen Danke für die Gaben, Sendungen, Eingebungen...

✝ «Mein Zuhause, **Jesus**, bist Du, Dein Zuhause, Jesus, bin ich.» In Deinem Herzen, Jesus, nehmen wir das Feuer Deiner brennenden Liebe auf, damit unser Leben ganz von Dir entflammt wird und wir Deine "Ich liebe dich" an andere weitergeben können. Deine Herzschläge in unserem Herzen schenken uns Leben, Liebe und eine innige Vereinigung mit Dir. So wurzelt alles, was wir «sind» und alles, was wir «tun» in Deiner Liebe. *Fiat!* Was für ein göttliches Geschenk!

✝ «**Mein anbetungswürdiger Jesus**, da mein Wille sich ganz in Deinem Willen befindet, liebe ich Dich mit der Liebe meiner und Deiner Mutter. Ich küsse Dich mit ihren Lippen, ich umarme Dich ganz fest mit ihren Armen, ich nehme Zuflucht in ihrem Herzen, um Dir ihre Freude, ihre Wonne und ihre mütterliche Zuwendung zu schenken, damit Du die Traulichkeit und den Schutz findest, die nur Deine Mutter Dir schenken kann. Ich liebe Dich mit der unermesslichen Macht der Liebe des Vaters und mit der unendlichen Liebe des Heiligen Geistes. Ich liebe Dich mit der Liebe, mit der Dich alle Engel und Heiligen lieben. Ich liebe Dich mit der Liebe, mit der Dich alle Geschöpfe aus Vergangenheit, Gegenwart und Zukunft lieben oder lieben sollten, Ich liebe Dich im Namen aller Dinge, die Du erschaffen hast, mit derselben Liebe, die Dich erfüllte, als

Du sie erschaffen hast. Ich liebe Dich mit der Liebe, die Dich erfüllte, als Du Deine Erlösungstat zu unserem Heil vollbracht hast. Amen. *Fiat.*» (J. R. Brown)

✝ «**O mein Jesus**, gib, dass meine Seele alle Tugend, Kraft, Heiligkeit und alles Licht Deines anbetungswürdigen *Fiat* aufnimmt, damit ich nichts anderes in mir erlebe als dieses eine göttliche Leben. Wenn ich mit diesem neuen Leben bereichert bin, werde ich fähig, alles zu umfassen, für alle wiedergutzumachen und dieses *Fiat* auf der Erde gefangen zu halten, damit es triumphierend zurückkehrt und unter den Geschöpfen herrscht.» (Luisa)

✝ «**Mein liebster Jesus**, ich möchte Dir meine Liebe, meine Dankbarkeit und alles bezeugen, was die Geschöpfe Dir dafür schulden, dass Du Deine Mutter, die unbefleckte Königin, erschaffen hast und sie uns zur Mutter gegeben hast: Sie ist die ganz Schöne, die ganz Heilige, die mit allen Gaben reich beschenkt ist. In Deinem Willen tue ich dies im Namen aller Geschöpfe aus Vergangenheit, Gegenwart und Zukunft. Ich ergreife Besitz von allen ihren Handlungen – Worte, Gedanken, Herzschläge, Schritte – und für jede dieser Taten sage ich Dir: «Ich liebe Dich Jesus, ich danke Dir, ich lobpreise Dich und ich bete Dich an für alles, was Du für unsere und Deine himmlische Mutter getan hast. Amen."»

✝ «**O Maria, Mutter und Königin**, durch deinen Sohn Jesus bist du zur Mutter unserer Gedanken, unseres Atems, unserer Herzschläge, unserer Worte und unserer Leiden geworden. Mögest du das, was du für deinen Sohn Jesus getan hast, für jeden von uns tun. Bedecke all unser Tun mit dem Mantel deiner mütterlichen Liebe. Nimm uns auf deinen Schoß, leite unsere Schritte und birg uns in deiner Mutterschaft. Forme unsere Taten nach dem Bild der deinen. Amen. *Fiat!*» (Band. 36, 28.12.1938)

Dreimal am Tag, morgens, mittags und abends möchte unsere Mutter, dass wir uns auf ihren Schoß setzen und ihr folgendes sagen:

✝ «**Meine Mutter**, ich liebe dich, liebe auch du mich und gib mir einen kleinen Schluck des Willens Gottes für meine Seele. Gib mir deinen Segen, damit ich alle meine Handlungen unter deinem mütterlichen Blick vollbringen kann.» (Luisa)

✝ **Heiliger Josef**, sei mein Beschützer, der Hüter meines Herzens. Behalte den Schlüssel meines Willens sorgfältig in deinen Händen, damit ich das göttliche *Fiat* nie verlasse.

✝ **Heilige Erzengel Michael, Gabriel, Raphael, Luisa Piccarreta und unsere Schutzheiligen**, helft uns, unsere Aktivitäten im Göttlichen Willen zu vollbringen, damit das Reich Gottes triumphiert.

✝ Oh du **mein so treuer Schutzengel**, ich grüße dich tausendmal im Namen Jesu. Ich danke Gott, dass Er dich so gut, so mächtig und mit so großer Bereitschaft erschaffen hat, auf meinen Ruf zu antworten. Ehre sei Gott!

EINIGE ALLGEMEINE GEBETE

Brüder und Schwestern der ganzen Welt, im Göttlichen Willen lösen wir euch von euren Gedanken, Wünschen, Gefühlen, Worten und eurem Willen. Wir bitten Maria, euch mit dem kostbaren Blut Jesu Christi zu besprengen, und wir bitten den Heiligen Geist, euch in Seiner göttlichen Güte dem Bild Jesu gleich zu gestalten, der sanftmütig und von Herzen demütig ist.

✝ **Die Kranken und Unglücklichen**

Vereint mit Jesus trete ich in die Herzen aller Ungeliebten, aller Menschen mit Behinderung, aller Drogenabhängigen, Gefangenen, aller Menschen im Krankenhaus, aller Verzweifelten ein... Ich vereine ihre Leiden mit den Deinen, lege sie auf Dein Kreuz, damit Du sie dem Vater als Werte der Erlösung anbietest, um ihre Seelen zu heilen und zu retten. Gib ihnen Deinen Heiligen Geist und lass sie in ihrem Herzen spüren, dass sie geliebt sind.

✝ **Die Sterbenden**

In Dir, unserem Erlöser, vereinen wir die Leidensstunden der Sterbenden mit den Verdiensten Deines Todeskampfes und Deines siegreichen Kreuzes. Bedecke sie durch Deinen heiligen Willen mit dem göttlichen Blut des Lammes, um sie zu läutern, zu beschützen und dem Vater darzubringen.

✝ **Die Seelen im Fegefeuer**

«Herr, ich tauche in Deinen Göttlichen Willen ein und nehme Deine Macht, Deine unermessliche Liebe, den riesigen Wert der Leiden des Sohnes Gottes und alle Seine göttlichen Eigenschaften und gieße sie über die Seelen im Fegefeuer (oder auf eine bestimmte Seele) aus. Mögen diese Seelen in ein Bad der Liebe getaucht werden, das aus der göttlichen Macht hervorgeht, in ein Bad Seiner Schönheit, in ein Bad des Blutes Jesu und in ein Bad aller göttlichen Eigenschaften. Amen!»

✝ **Aufopferung der Vorab-Handlungen**
Jesus, ich liebe Dich! In Deinen Willen lege ich folgende Aktivitäten, die für den heutigen Tag geplant sind: (nennen Sie die wichtigsten).

✝ «O mein Jesus, gib Dir die Ehre und drücke allem, was ich heute tue, den Stempel Deiner Macht, Deiner Liebe und Deiner Herrlichkeit auf.» (Luisa)

BEMERKUNGEN

Es steht jedem frei, sein Morgengebet je nach seinen Inspirationen und seiner Einsatzbereitschaft anzupassen. Der Herr ermutigt sehr zu spontanen und improvisierten Gebeten, die von Herzen kommen. Der Fortschritt bei dieser Art der Entfaltung im Göttlichen Willen erfolgt jedes Mal nur schrittweise, denn es handelt sich um das Vorhaben eines ganzen Lebens.... und sogar der Ewigkeit...

Fiat

LITERATURANGABEN

Von Luisa Piccarreta

- *Le Livre du Ciel*: Les 36 tomes (Das Buch des Himmels: 36 Bände).
- *Les 24 Heures de la Passion de N.-S. J.-C.* (Die 24 Stunden der Passion unseres Herrn Jesus Christus)
- La Vierge Marie dans le Royaume de la Divine Volonté (Die Jungfrau Maria im Reich des Göttlichen Willens)

Grundlegende Bücher

- Französisch-Kanadische Vereinigung Luisa Piccarreta (A.F.C. L.P.): ***Rondes dans la Divine Volonté - Rundgänge im Göttlichen Willen.***
- (A.F.C.L.P.): ***Vivre et prier dans le Royaume de la Divine Volonté - Leben und Beten im Reich des Göttlichen Willens.***
- P. Pablo Martin: ***Je vous annonce une Grand Joie - Ich verkünde euch eine große Freude.***
- Thomas M. Fahy: ***Le Livre de Gloire - Das Buch der Herrlichkeit*** (109 Fragen und Antworten).
- Marcel Laflamme: ***Premiers pas avec Luisa Piccarreta - Vivre dans la Divine Volonté – Erste Schritte mit Luisa Piccarreta – Im Göttlichen Willen leben***, Christian-Verlag & Parvis-Verlag.
- Marcel Laflamme: ***SOLEIL – soleils. Prières pour vivre dans la Divine Volonté – SONNE – Sonnen. Gebete für ein Leben im Göttlichen Willen,*** Christian-Verlag & Parvis-Verlag.